Cavaletti

Franckh's
Reiterbibliothek

Cavaletti

Einführung

Die heutige Springauffassung geht auf den italienischen Rittmeister CAPRILLI zurück. CAPRILLIS Lehre von der natürlichen Ausbildungsmethode führte um die Jahrhundertwende zu einer Umwandlung des *Springstils*. Früher neigte man sich beim Springen mit dem Oberkörper zurück und zwängte den Pferdehals in eine starre Haltung. CAPRILLI erkannte, daß sich die Pferde über dem Hindernis am besten ausbalancieren können, wenn der Reiter ihren Rücken durch Vorneigen seines Oberkörpers entlastet und gleichzeitig mit den Händen vorgeht. Heute ist dieser *Entlastungssitz* eine Selbstverständlichkeit, und man weiß, daß die Pferde ihren Hals während des Springens als Balancierstange benötigen.

Das Programm der *natürlichen Ausbildungsmethode* umfaßte auch die Arbeit mit *Cavalettis* (zu deutsch: Bodenricks), das sind Holzstangen, die an den beiden Enden auf niedrigen Ständern befestigt sind. Über diese Bodenricks ließ CAPRILLI die Pferde in verschiedenen Gangarten mit und ohne Reiter treten. Daraus entwickelte sich die *Cavaletti-Arbeit*, die an den italienischen Kavallerieschulen nach und nach zu einem festen Begriff wurde.

In Deutschland fanden die Lehren der italienischen Springschule nur langsam Eingang. Auf der Kavallerieschule in Hannover war es vor allem OBERST VON FLOTOW, den die Arbeit mit Cavalettis

7

besonders interessierte und der für die Aufnahme einiger Grundsätze in die deutsche Reitvorschrift eintrat. Bei diesen wenigen Sätzen ist es bis heute geblieben.

Die Fachliteratur bringt, von einigen allgemeinen Bemerkungen abgesehen, nicht viel mehr als den Hinweis, daß die Cavaletti-Arbeit ein wertvolles Hilfsmittel für die Ausbildung von Reitern und Pferden sei.

Wie die Praxis täglich zeigt, ist es damit jedoch nicht getan. Überall kann man Reiter beobachten, die ihre Pferde über Stangen und Bodenricks treten lassen und fest davon überzeugt sind, gute Ausbildungsarbeit zu leisten. Bei näherer Betrachtung kann man dann feststellen, daß die einfachsten Begriffe über den Aufbau und die richtigen Abstände in den einzelnen Gangarten fehlen. Der erhoffte Erfolg muß zwangsläufig ausbleiben. Leider wird die Schuld in diesen Fällen oft bei den Pferden gesucht. Schon manches gute Pferd ist durch unsachgemäße Cavaletti-Arbeit verdorben worden und hat sich ernsthafte Beinverletzungen zugezogen. Mancher, der diese Beispiele gesehen hat, lehnt Reiten über Bodenricks seitdem ab. Es erscheint daher angebracht, diesem Gebiet endlich eine zusammenhängende Darstellung zu widmen, die nicht nur vor Schaden warnen, sondern auch die Möglichkeiten aufzeigen soll, die durch eine systematisch aufgebaute Cavaletti-Arbeit geboten werden.

Ich selbst bin in den 15 Jahren meiner reiterlichen Laufbahn zum überzeugten Anhänger dieser Ausbildung geworden. Ich hatte das Glück, die Verwendung von Cavalettis an der Westfälischen Reit- und Fahrschule in Münster und bei verschiedenen Lehrern des DOK für Reiterei in Warendorf beobachten zu können. Es lag nahe, die dabei gewonnenen Eindrücke auszuwerten und durch eigene Erfahrungen weiter zu vervollständigen. Die vielen Notizen, die ich mir im Laufe der Zeit gemacht habe, und die Ergebnisse der von mir gerittenen Dressur- und Militarypferde im Turniersport des In- und Auslandes ermutigen mich zu dem Versuch, meine Gedanken über die Cavaletti-Arbeit in einer geschlossenen Abhandlung niederzuschreiben.

Ich würde mich freuen, dem Leser neue Anregungen vermitteln und für die Reitausbildung nutzbar machen zu können. Glücklich schätzen würde ich mich, wenn es künftig weniger Reiter gäbe, die mit Pferden über Cavalettis reiten, ohne die notwendigen Vorkenntnisse zu besitzen.

ERSTES KAPITEL

Theoretische Grundlagen

Um es vorweg zu sagen: Ich bin kein Freund von langen theoretischen Erörterungen. Es fällt mir immer schwer, mich über reiterliche Ausbildungsfragen mit jemandem zu unterhalten, der eigentlich alles genau weiß, aber leider noch nie auf einem Pferd gesessen hat. Andererseits fühle ich mich auch nicht zu den Reitern hingezogen, die sich damit brüsten, noch keine Reitlehre gründlich durchgelesen zu haben. Gewiß gibt es Reiter, die — namentlich im Springen — dank ihres Naturtalents auch ohne gründliche Ausbildung zu Spitzenerfolgen gekommen sind. Doch wer will in Abrede stellen, daß diese Talente bei systematischer Förderung weitaus mehr zu leisten imstande wären? Mit anderen Worten: Ich halte theoretische Studien für eine wertvolle Ergänzung der praktischen Ausbildung. Manche Schwierigkeit in der Ausbildung läßt sich viel leichter überwinden, wenn man sich nicht allein auf sein reiterliches Gefühl verläßt, sondern sich zwingt, sorgfältig nachzudenken, bevor man handelt.

Der Reiter trägt die Verantwortung für die Gesundheit seines Pferdes. Das wird gerade von jungen Menschen allzu leicht vergessen. Bedauerlicherweise gibt es auch unter den Erwachsenen viele, die nur sich selbst und ihre Eitelkeit meinen, wenn sie von Pferden sprechen. Sogar im Turniersport kann man beobachten, daß Pferde mit Kraftmeierei so lange bearbeitet werden, bis sie total zerbrochen sind. Diesen Leuten, die in dem Pferde nur ein dummes Geschöpf sehen, das man mit Schlägen und Kraft zu gewissen Leistungen zwingen kann, ist es zu danken, wenn die Reitkunst immer mehr an Achtung verliert. Wer sein Pferd wirklich liebt und sich Reiter nennen will, hat die Verpflichtung, Selbstzucht zu üben und Achtung vor der Kreatur zu haben, wie es einmal FREIHERR VON LANGEN ausgedrückt hat. In diese Verpflichtung ist selbstverständlich mit eingeschlossen, daß sich jeder Reiter zunächst die notwendigen Kenntnisse verschaffen muß, bevor er mit der Ausbildung beginnt und dazu bestimmte Hilfsmittel benutzen will.

Übertragen auf die Arbeit mit Cavalettis erhebt sich daher zunächst die Frage nach dem Warum. Warum lohnt es sich, Cavalettis als Hilfsmittel für die Ausbildung von Reitern und Pferden einzusetzen? Welche Erfolge können durch diese Arbeit erzielt werden? — Erst wenn darüber Klarheit besteht, hat es Sinn, die weitere Frage aufzuwerfen: Wie kann man die bestehenden Möglichkeiten am besten nutzen?

Warum lohnt sich der Einsatz von Cavalettis bei der Ausbildung des Pferdes?

Die Ausbildung des Reitpferdes verfolgt das Ziel einer naturgemäßen Gymnastik. Die Körperkräfte des Pferdes sollen gestählt und die Glieder gelenkig gemacht werden. Ein wesentlicher Teil fällt also in das Gebiet der *Muskelschulung.* Hierfür kann die Cavaletti-Arbeit eine wertvolle Unterstützung sein. Die Entwicklung der Muskulatur ist von Bewegungsreizen abhängig. Muskeln werden durch richtige Bewegung gestärkt. Sie schwinden, wenn sie nicht beansprucht werden.

Die Cavaletti-Arbeit ist deswegen zur Ausbildung der Muskulatur so hervorragend geeignet, weil sie die Pferde zu bestimmten, *kontrollierbaren Bewegungsabläufen* veranlaßt. Das Pferd wird gezwungen, höher als gewöhnlich abzufußen und dadurch auch fester und bestimmter wieder auf den Erdboden aufzusetzen. Alle vier Beine und die dazu gehörigen Gelenke werden also vermehrt beansprucht, ohne daß die Fußfolge in den drei Grundgangarten Schritt, Trab und Galopp geändert wird. Als Folge davon werden sämtliche für den Bewegungsvorgang wichtigen Muskeln des Pferdes gekräftigt.

Wird die Cavaletti-Arbeit jedoch zu lange ausgedehnt, oder ist der Aufbau der einzelnen Bodenricks nicht dem natürlichen Bewegungsrhythmus des Pferdes angepaßt, besteht die Gefahr einer ernsthaften *Schädigung*. Muskeln wachsen durch Bewegung nur dann, wenn sie entsprechend ihrer Lage und ihrem inneren Aufbau in ihrer natürlichen Funktion beansprucht werden. Sie verlieren an Umfang (atrophieren), wenn sie in falscher, krampfhafter Anspannung zu einer Arbeitsleistung herangezogen werden, die sie auf die Dauer nicht vollbringen können. Die Folgen sind Schwellungen und Erschlaffung als Ausfluß von Ernährungsstörungen im Muskel. Der Aufbau neuer Muskelsubstanz hält mit dem physiologischen Abbau (Verschleiß) nicht Schritt, so daß der Muskel an Umfang abnehmen muß. Nur systematische und langsam gesteigerte Cavaletti-Arbeit kann daher die Muskelbildung des Pferdes beschleunigen.

Sie ist aber auch geeignet, *Muskeln* zu *lockern* und *Steifheiten* zu *beseitigen,* namentlich bei verrittenen Pferden. Pferde, die mit tiefer Halseinstellung über Cavalettis geritten werden, wölben beispielsweise den Rücken auf und entspannen die dort befindlichen Muskeln. Der Bewegungsablauf kehrt zu seinem natürlichen Rhythmus zurück. Nach kurzer Zeit wird man beobachten können, daß die von der Hinterhand ausgehende Bewegung wieder ohne Stockung auf die Vorhand übertragen wird. Der Rücken des Pferdes schwingt mit und läßt den Reiter erneut bequem sitzen. Zwar läßt sich eine festgehaltene Rückenmuskulatur weitgehend auch schon durch Reiten mit *tiefer Halseinstellung* lösen; einfacher und sicherer ist die Korrektur jedoch, wenn man Cavalettis zu Hilfe nimmt, weil dadurch dem Pferde der Bewegungsablauf genau vorgeschrieben werden kann.

Die Arbeit mit Cavalettis eröffnet also die Möglichkeit, die Muskulatur des Pferdes zu lockern und zu kräftigen. Darüber hinaus kann sie für die Entwicklung von Herz und Kreislauf nutzbar gemacht werden. Dabei genügt es zu wissen, daß die *Organschulung* ein Training des ganzen Pferdekörpers und nicht nur einzelner Teile erfordert. Langsame und stetige Bewegungssteigerung erhöht die Belastungsfähigkeit des Kreislaufs und führt zum Gewinn von Ausdauer und Kondition. Nimmt man für dieses Programm Cavalettis zu Hilfe, hat man den Vorteil' einer meßbaren Beanspruchung. Insoweit kann die Cavaletti-Arbeit auch für die Organschulung von Nutzen sein. Gleichzeitig dient sie der Verwirklichung weiterer Ausbildungsziele. Eine der ersten Schwierigkeiten, mit denen das junge Pferd fertig werden muß, besteht darin, sich mit der Reiterlast im Rücken auszubalancieren. Wenn dieses Problem in der Reitbahn gelöst ist, kann mit der *Vorbereitung* für *Geländereiten und Springen* begonnen werden. Im Zuge dieser Ausbildung lohnt sich wiederum die Verwendung von Cavalettis. Pferde, die über Bodenricks geritten werden, erlangen eine große *Trittsicherheit*, weil sie ihre Schritte, Tritte und Sprünge nach den festliegenden Stangen richten müssen. Sie lernen außerdem, ihren Schwerpunkt rasch und sicher zu verschieben. Da das Gleichgewicht durch das erhöhte Abfußen ständig wechselt, wird zugleich das *Ausbalancieren* weiter geübt und das

Pferd zum sicheren Gehen auch auf unebenem Gelände vorbereitet. Das Abfußen in bestimmten Abständen erfordert Aufmerksamkeit und genaues Taxieren. Damit sind Eigenschaften angesprochen, durch die sich besonders Springpferde auszeichnen müssen. Cavaletti-Arbeit gibt also auch Gelegenheit, die *Psyche des Pferdes* kennenzulernen und auf sie einzuwirken. Die Art und Weise, mit der das Pferd eine ihm gestellte Aufgabe über Cavalettis meistert, ob es willig und ruhig bleibt oder heftig wird und sich widersetzt, läßt Rückschlüsse auf Temperament und Charakter zu. Durch wechselnden Aufbau und unterschiedliche Abstände kann die Gelehrigkeit erprobt und weiter gefördert werden. Die Pferde werden aufgeweckter und lernen vor allem, bestimmte Aufgaben selbständig zu lösen. Cavaletti-Arbeit kann daher auch in gewissem Sinne Intelligenzschulung sein — ein Gebiet, das leider viel zu wenig Beachtung findet.

Im Rahmen der *Dressurausbildung* sind Cavalettis vor allem geeignet zur Förderung der Grundgangarten Schritt und Trab. Konstante Abstände zwischen den einzelnen Bodenricks dienen zur Verbesserung von Takt und Gleichmaß der Bewegungen. Schwung und Ausdruck werden allein schon durch das höhere Treten vermehrt. Von dort ist kein weiter Weg mehr zu den ersten Anfängen der Passage.

Die grundsätzliche Frage nach dem Wert der Cavaletti-Arbeit für die Ausbildung des Reitpferdes läßt sich daher wie folgt beantworten:

Die Arbeit mit Cavalettis erleichtert die Grundausbildung *aller* Reitpferde. Sie schafft die Möglichkeit, auch Schwierigkeiten in den Spezialzweigen des Springens, der Dressur und des Geländereitens schneller und einfacher zu beheben.

Warum lohnt sich der Einsatz von Cavalettis bei der Ausbildung des Reiters?

Für die Ausbildung des Reiters sind die Vorzüge der Cavaletti-Arbeit keineswegs geringer einzuschätzen. Jede sportliche Betätigung lebt von der Freude, mit der sie betrieben wird. Das ist im Reitsport nicht anders. Wer reiten will, muß Passion haben und selbstverständlich bereit sein, auch die unangenehmen Seiten mit in Kauf zu nehmen. Genauso selbstverständlich ist es jedoch, daß die Passion einer ständigen Pflege bedarf. Damit sind vor allem die Reitlehrer gemeint, die in den Städten und Vereinen die Jugend unterrichten und die große Zahl der Gesundheitsreiter betreuen. Wer seine Schüler fast nur dressurmäßig in der Abteilung reiten läßt und es nicht versteht, die Reitstunde immer wieder neu zu beleben, muß sich nicht wundern, wenn die Passion auf die Dauer erlahmt. Die Verwendung von Cavalettis mit ihren vielfältigen Aufbaumöglichkeiten bietet hier die *willkommene Abwechslung.* Ich habe es erlebt, mit welcher Begeisterung vor allem Jugendliche bei der Sache sind, wenn man ihnen kleine Aufgaben über Cavalettis stellt. Die Freude ist meistens so groß, daß alle Steifheit und Verkrampfung wie weggeblasen erscheint und man nach kurzer Zeit schon beobachten kann, daß die Reiter geschmeidig und losgelassen in die Bewegung des Pferdes eingehen. Und damit sind wir bei dem praktischen Wert der Cavaletti-Arbeit für die Ausbildung des Reiters angelangt. Der junge Reiter steht im Anfang vor der Schwierigkeit, sein Pferd durch den Sitz nicht zu stören. Fast jeder Anfänger neigt dazu, mit der Hand und mit dem Oberkörper zurückzugehen, wenn das Pferd eine ungleiche Bewegung macht. Gerade das Gegenteil ist aber richtig. Die Hände müssen nachgeben, damit das Pferd sich im Halse ausbalancieren kann. Ein plötzliches Hintenheruntersitzen blockiert den

15

Pferderücken, anstatt ihn zu entlasten. Deshalb muß der Reiter lernen, in solchen Situationen geschmeidig nach vorn in die Bewegung des Pferdes einzugehen. Voraussetzung dafür ist die Fähigkeit, sich mit fest anliegendem Knie und Unterschenkel unabhängig von der Bewegung des Pferdes im Gleichgewicht zu halten. *Kniesschluß* und *Ausbalancieren* können im Anfang nicht genug geübt werden. Da die Bewegung des Pferdes über Bodenricks nicht so groß ist wie beim Springen, kann die Arbeit mit Cavalettis hierfür besonders empfohlen werden. Abgesehen davon schult sie das *Gefühl* für den schwingenden Pferderücken.

Auch fortgeschrittene Reiter sollten die Gelegenheit benutzen, durch Reiten über Bodenricks ihren *Sitz* zu kontrollieren. Kein Reiter sollte glauben, daß er sich damit etwas vergibt. Das Ziel, stets in voller Harmonie mit dem Pferd zu sein, ist viel zu hoch, als daß es Sitzübungen überflüssig machen könnte. Und mancher Springreiter könnte dabei zugleich seinen *Blick für die richtige Distanz* vervollständigen. Zusammenfassend läßt sich daher festhalten:

Die Arbeit mit Cavalettis macht Freude. Sie festigt den Sitz und schult das reiterliche Gefühl. Infolgedessen unterstützt sie die Ausbildung *aller* Reiter.

Seite 17: Cavaletti-Aufbau für Schritt
1: von der Seite
2: von vorne
3: Cavaletti-Aufbau für Schritt mit Zwischentritt

ZWEITES KAPITEL

Die praktische Ausrüstung

Nachdem im Grundsätzlichen geklärt worden ist, welchen Ausbildungswert die Arbeit mit Cavalettis haben kann, muß noch die Frage erörtert werden, welche Ausrüstungsgegenstände benötigt werden.

Bodenricks in verschiedenen Ausführungen

Wie sieht ein Cavaletti aus? — In der Einführung ist bereits gesagt worden, daß Bodenricks aus Holzstangen bestehen, die an den beiden Enden auf niedrigen Ständern befestigt sind. Die Stangen sollen dick, rund und hart sein, damit sie vom Pferde genügend beachtet werden, und nicht splittern, damit beim Anstoßen unnötige Verletzungen vermieden werden. Die günstigste Länge beträgt in der Regel 2—3 m. Je länger die Stangen sind, desto schwieriger wird es, die Pferde über den Cavalettis geradeaus zu halten.

Seite 18: Schritt am hingegebenen Zügel; richtig ausgeführt
4: 7jähr. holst. Wallach **Anblick** von **Anblick xx;** sorgfältiges Abfußen mit guter Streckung des Halses
5: 13jähr. hann. Wallach **Dux** von **Duellant;** losgelassenes Schreiten eines erfahrenen Pferdes, das es sich leisten kann, nicht höher als nötig abzufußen

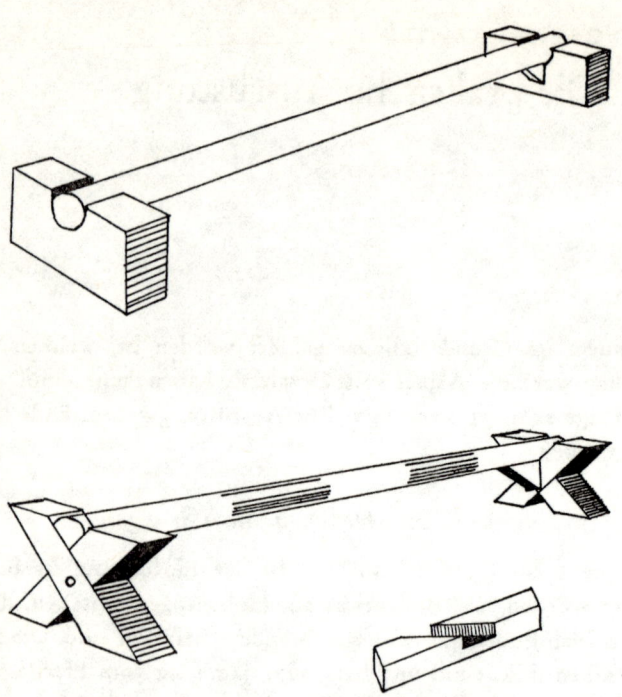

Bild 1. Verschiedene Arten der Bodenricks

Die Ständer an den Seiten findet man in zwei verschiedenen
Formen, und zwar entweder vierkantig oder als Kreuz.

Die vierkantigen Stützen sind meistens schwerer und lassen sich
vor allem in der Höhe nicht gut verstellen. Dagegen haben die
kreuzweisen Auflagen den Vorteil, daß sie in drei verschiedenen
Höhen aufgebaut werden können. Ich habe deshalb immer nur die
letzteren verwendet.

Die niedrigste Höhe, die gleichzeitig als das normale Maß anzu-
sehen ist, beträgt 15—20 cm. Sie dient insbesondere der Schritt-

20

und Trabarbeit. Für Galopp empfiehlt sich das Verstellen auf 50 cm, damit der Galoppbewegung der nötige Ausdruck verliehen wird und die Pferde von vornherein zur Aufmerksamkeit erzogen werden.

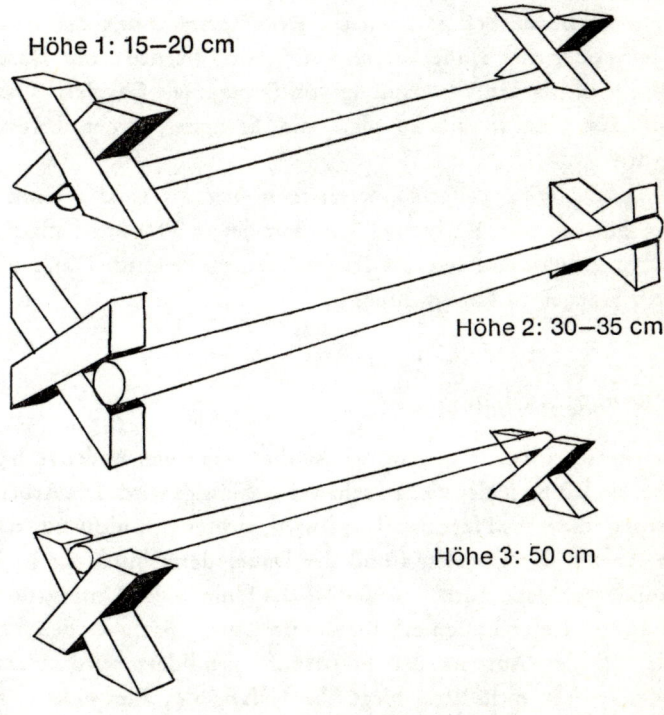

Höhe 1: 15—20 cm

Höhe 2: 30—35 cm

Höhe 3: 50 cm

Bild 2. Bodenrick in drei verschiedenen Höhen

Cavaletti-Ersatz durch Stangen

Wer keine Cavalettis besitzt, kann sie mit gewissen Einschränkungen auch durch einfache Stangen ersetzen. Stangen haben jedoch verschiedene Nachteile und sind deshalb — streng genommen — kein richtiger Ersatz. Sie erreichen einmal nicht die gewünschte Höhe von 15—20 cm und werden darum von den Pferden oft nicht genügend beachtet. Zum anderen verrutschen sie leicht, wenn die Pferdehufe dagegen stoßen. Schließlich können sie sogar gefährlich werden, falls ein Pferd darauf tritt, weil durch die wegrollende Stange zu leicht eine Verstauchung des Fesselgelenks oder eine Sehnenzerrung verursacht werden kann. Darum sollte man bei der Verwendung von Stangen als Cavaletti-Ersatz zumindest darauf achten, daß die Stangen vorher befestigt werden.

Im Durchschnitt genügt es, wenn man *vier bis sechs Bodenricks* oder Stangen zur Verfügung hat. Für junge Pferde schafft man am besten noch eine seitliche Begrenzung, sei es durch Fänge oder durch Stangen in Längsrichtung.

Bodenverhältnisse

Von entscheidender Bedeutung ist die Frage der Bodenverhältnisse, die häufig leider viel zu sehr vernachlässigt wird. Die Arbeitsleistung, die vom Pferde verlangt wird, richtet sich nicht nur nach der Anzahl der Cavalettis und der Dauer der Übung; sie ist im besonderen Maße auch von der Beschaffenheit des Untergrundes abhängig. Tiefer Boden erhöht die Belastung, hat aber den Vorteil, daß der Auftritt der Pferdehufe gemildert wird. Harter Boden federt nicht und birgt die Gefahr des Einknickens bei ungleichen Tritten.

22

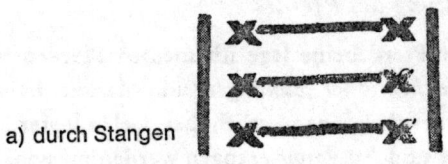

a) durch Stangen

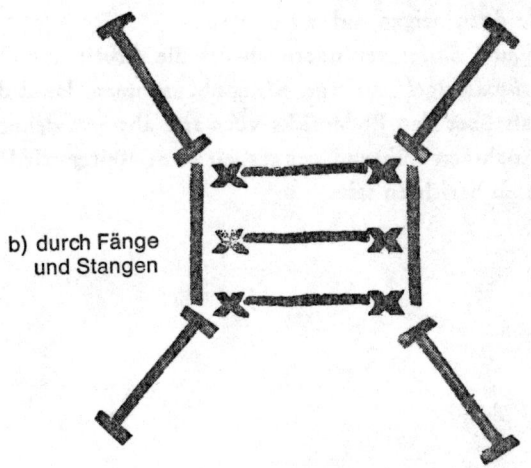

b) durch Fänge
und Stangen

Bild 3. Cavalettis mit seitlicher Begrenzung

Diese Auswirkungen müssen mit berücksichtigt werden, wenn die
Arbeit mit Cavalettis Erfolg haben soll. Wer zwischen Gras- und
Sandboden wählen kann, möge sich für Sandboden entscheiden,
der im übrigen — gerade bei Feuchtigkeit — weniger rutschig ist.
In jedem Falle muß jedoch beachtet werden, daß die Cavalettis
auf ebenem Untergrund stehen, der keine Löcher hat.

23

Die Ausrüstung des Pferdes

Zur Schonung der Pferdebeine lege ich meinen Pferden vor der Arbeit *Ledergamaschen* oder *Bandagen* an. Manche halten das bereits für übervorsichtig, namentlich bei Geländepferden, die ohnehin zur Härte und Ausdauer erzogen werden müssen. Trotzdem finde ich es besser, die Pferdebeine durch Gamaschen oder Bandagen zu schützen, weil sie zumindest die Bildung von Überbeinen verhindern, falls sich die Pferde mit den Hufeisen streichen. *Sprungglocken* hingegen benutze ich nur in Ausnahmefällen, wenn die Pferde dazu neigen, sich zu greifen.

Zäumung und *Sattel* verändere ich für die Arbeit mit Cavalettis nicht. *Ausbindezügel* sind regelmäßig abzunehmen, damit das Pferd seinen Hals über den Bodenricks vorwärts abwärts dehnen kann. Über Ausnahmen während der Arbeit ohne Reiter wird noch im einzelnen zu berichten sein.

DRITTES KAPITEL

Cavaletti-Arbeit ohne Reiter

Und nun kann die eigentliche Arbeit beginnen. Das Ergebnis des ersten Kapitels hat gezeigt, daß es notwendig ist, die Ausbildung des Reiters und die des Pferdes getrennt zu behandeln. Bei der einen wird das Schwergewicht auf die Festigung des Reitersitzes und die Vervollkommnung reiterlicher Eigenschaften gelegt. Bei der anderen richtet sich das Augenmerk in der Hauptsache auf das Pferd. In beiden Fällen lernt aber stets auch der andere Partner hinzu, so daß letzten Endes immer Reiter und Pferd zugleich geschult werden.

Für das Pferd ist es eine *Erleichterung*, wenn es ohne Reiter über Cavalettis treten darf. Es fühlt sich viel freier und ungezwungener, wenn kein Reitergewicht den Bewegungsablauf stört, keine Reiterhand rückwärts wirken und kein Sporn im falschen Augenblick einwirken kann. Warum sollte man ihm also nicht entgegenkommen und es zunächst ohne Reiter über Bodenricks trainieren? Wer sich mit der Grundausbildung Zeit läßt und gerade den einfachen Übungen immer wieder größte Sorgfalt widmet, kommt später am schnellsten weiter.

Diese Erkenntnis wird oft von jungen Reitern nicht für bare Münze genommen. Wer Ehrgeiz hat, will häufig rasch zu Erfolgen kommen und nicht erst lange bei der Grundausbildung verweilen. Vielleicht überzeugt ihn aber wenigstens die Tatsache, daß man vom Boden aus *Beobachtungen* machen kann, die für das Reiten selbst von größtem Nutzen sind. Im Sattel besteht nämlich nicht die Möglichkeit, den Gesichtsausdruck des Pferdes zu verfolgen, die Schweifhaltung zu betrachten sowie das Muskelspiel und die Bewegungen des Pferdes in den drei Grundgangarten zu sehen.

Frei laufend

Wer die Gelegenheit hat, sein Pferd *ohne Longe* frei in der Reitbahn über Bodenricks gehen zu lassen, sollte sie unbedingt wahrnehmen. Er wird feststellen, wieviel Freude diese Arbeit bereitet und wie gerne die Pferde sie ausführen, sobald sie begriffen haben, worum es geht.

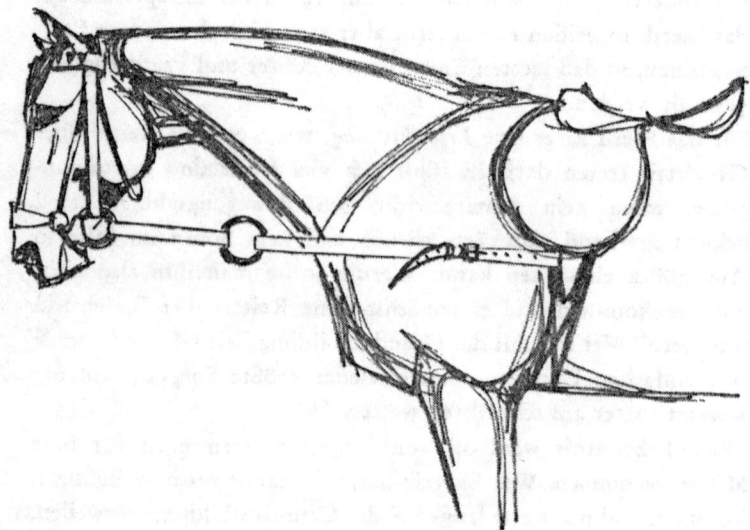

Bild 4. Das richtig ausgebundene Pferd

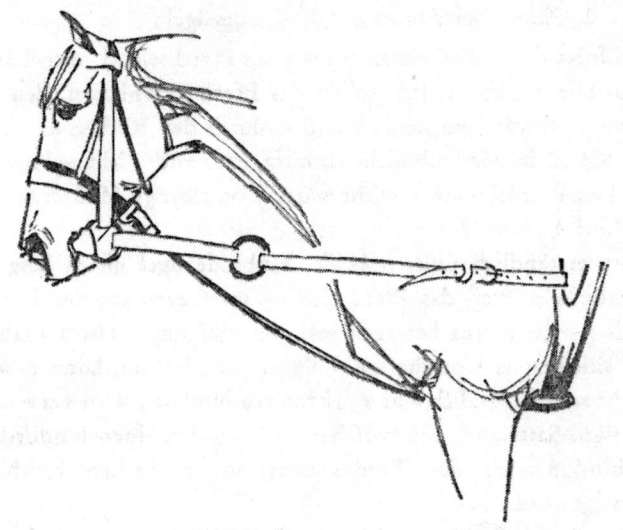

Bild 5. Zusätzlicher Ausbindezügel, im englischen Reithalfter — wie hier — oder in den Verbindungssteg der Trense eingeschnallt

1. Phase: Freies Ablaufen zum Lösen

Zur Vorbereitung stelle man zunächst — wie in Bild 6 (Seite 29) angegeben — vier Kegel auf und lasse das Pferd mit Sattel und Trense, jedoch ohne Ausbindezügel, eine Weile frei und ungehindert laufen. Diese Einleitung ist notwendig, damit das Pferd zunächst seinem Stallübermut Luft machen und alle Steifheit und Verkrampfung abschütteln kann. Man versuche nicht, es daran zu hindern, sondern warte unbekümmert in der Mitte der Bahn. Meistens hat sich das Pferd nach 5—10 Minuten ausgetobt und so weit gelöst, daß man es mit der Stimme beruhigen und wieder einfangen kann.

2. Phase: Beizäumen mit Ausbindezügeln

Nun folgt die zweite Phase, bei der das Pferd seitlich ausgebunden wird. Die Ausbindezügel sollen das Pferd veranlassen, den Hals vorwärts abwärts zu dehnen und dadurch den Rücken aufzuwölben. Sie dürfen deshalb nicht zu kurz, aber auch nicht so lang sein, daß keine Anlehnung erreicht wird. Das richtige Maß ergibt sich aus Bild 4 (Seite 26).

Selbstverständlich müssen beide Ausbindezügel gleich lang verschnallt sein, weil das Pferd sich — im Gegensatz zur Longenarbeit — geradeaus bewegen soll. Bei tief angesetztem Hals, an dem sich bereits Unterhalsmuskulatur gebildet hat, kann es angebracht sein, zusätzlich einen dritten Ausbindezügel zu verwenden, der vom Sattelgurt aus zwischen den Vorderbeinen hindurch am Verbindungssteg der Trense oder am englischen Reithalfter befestigt wird.

Dieser Ausbindezügel verhindert die häßliche Angewohnheit des Kopfschlagens und dient außerdem zur Korrektur von Pferden, die sich weigern, den Hals über den Cavalettis vorwärts abwärts zu dehnen.

Ausgebunden läßt man das Pferd nun erneut frei laufen, und zwar nach Möglichkeit im Trab und Galopp. Nach kurzer Zeit wird man beobachten, wie das Pferd von sich aus die Anlehnung an die Bande sucht und dank der Unterstützung des in der Bahn befindlichen Reiters und der vier Kegel ohne weiteres auf dem Hufschlag bleibt. Manche Pferde bewegen sich schon nach 5 Minuten willig an der Wand entlang. Andere benötigen etwas mehr Zeit und machen es erforderlich, eine zweite Person so aufzustellen, wie es Bild 6 (Seite 29) zeigt. Je mehr Ruhe von *Reiter* und *Hilfsperson* ausgehen, desto rascher verliert das Pferd seine Aufregung.

Bei dieser Gelegenheit kann man *Charakter* und *Intelligenz* des Pferdes studieren und sehen, ob es willig ist und schnell begreift,

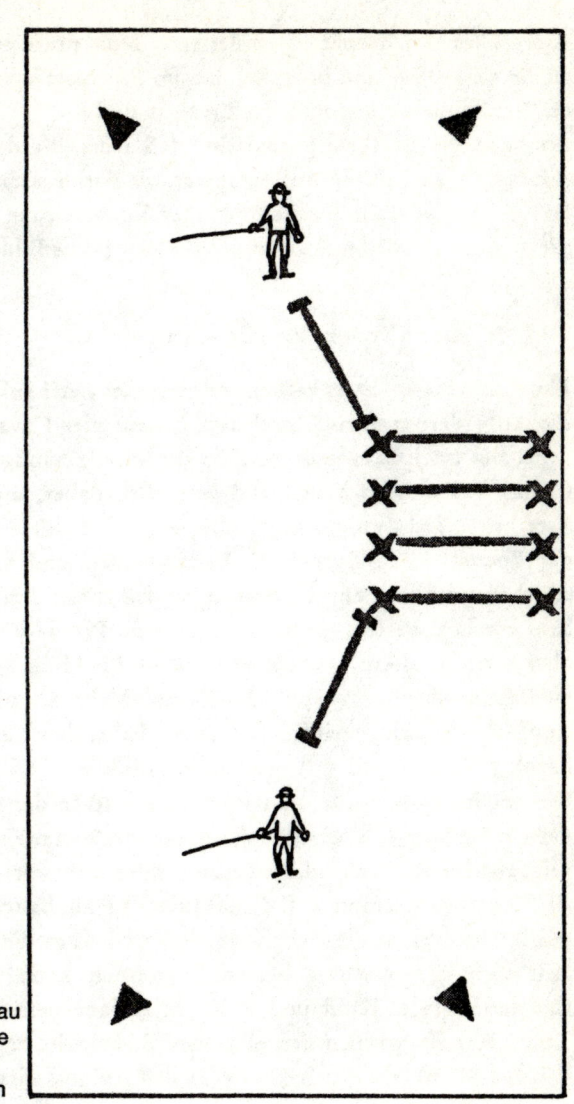

Bild 6.
Cavaletti-Aufbau
für freilaufende
Pferde
in der Reitbahn

oder ob es sich hartnäckig widersetzt. Man prüfe sich aber auch gleichzeitig selbst und bedenke, daß im Reitsport Zeit und *Geduld* die Grundvoraussetzungen des Erfolges sind.

Ich habe die Erfahrung gemacht, daß jedes Pferd nach Ablauf einer gewissen Zeit die Anlehnung an die Bande sucht. Sobald dies erreicht ist, wird die zweite Phase der Vorbereitung beendet, und der Aufbau des Bodenricks kann beginnen (siehe Bild 6).

3. Phase: Traben über Cavalettis

Für junge Pferde ist es ratsam, erst ein Cavaletti aufzustellen und die Anforderungen nach und nach bis auf vier Cavalettis zu steigern. Bei zwei Cavalettis glauben die Pferde häufig, einen Weitsprung vor sich zu haben und versuchen daher, mit einem Satz über beide Ricks zu springen. Hier empfiehlt sich die Aufstellung der Bodenricks in doppeltem Abstand. Drei und vier Cavalettis erziehen am besten zur Trabarbeit, so daß dieser Aufbau möglichst bald erreicht werden sollte. — Erfahrene Pferde können sogleich über vier Cavalettis geschult werden. — Als Höhe wähle man die niedrigste Abmessung von 15—20 cm. Mehr als vier Cavalettis empfehle ich nicht, weil ich festgestellt habe, daß die Pferde sonst unruhig werden und sich überfordert fühlen.

Der größte Nutzen für die Ausbildung wird in der *Gangart Trab* erzielt. Im Schritt blockieren die Ausbindezügel meistens den Vortritt aus der Hinterhand. Außerdem ist es schwerer, die Pferde im fleißigen Schrittempo auf dem Hufschlag zu halten. Und ohne Ausbindezügel ist die Arbeit wertlos, weil dann die Rückentätigkeit nicht sicher genug beeinflußt werden kann. Galopp über Cavalettis kostet Kraft und sollte im Anfang vermieden werden. Der *Abstand* zwischen den einzelnen Bodenricks beträgt im Trab 1,30—1,50 m. Das richtige Maß für den Anfang wird in der Regel bei 1,30 m liegen. Doch ist es Aufgabe des Reiters, nach und nach für sein Pferd den passenden Abstand zu finden. Die Höhe der Bodenricks sollte auf 15—20 cm unverändert bleiben, damit die Belastung für die Muskulatur nicht zu groß werden kann.

Nachdem dieser Aufbau beendet ist, lasse man das Pferd zuerst auf derjenigen Hand traben, auf der es sich am liebsten bewegt. Im allgemeinen ist das die linke Hand. Es wäre zuviel erwartet, wenn man glaubt, die Pferde trabten gleich beim ersten Male willig über die Bodenricks. Gewöhnlich galoppieren sie vorher aus Unruhe an und versuchen die Cavalettis möglichst rasch im Galopp zu überwinden. Das sieht zum Teil recht gefährlich aus, ist es aber in Wirklichkeit nicht. Man muß die Pferde nur völlig in Ruhe lassen und abwarten, bis sie von selbst wieder die Gangart Trab einnehmen. Ein paar ruhige, vertraute Worte sind das einzige, was man in diesem Stadium an Hilfestellung geben kann. Ein seitliches Ausbrechen wird durch die Kegel und Fänge verhindert. Falls ein Pferd kehrt macht oder vor den Bodenricks stehen bleibt, wird es am besten im Trab angeführt und erst kurz vor den Bodenricks losgelassen. Man kann es auch anfangs über die Cavalettis führen.

Bei Pferden, die Cavalettis schon kennen, schließt sich nun die *eigentliche Trabarbeit* an. Der Reiter muß versuchen, Einfluß auf das Trabtempo zu gewinnen. Erfahrungsgemäß werden Pferde faul, sobald sie sich beruhigt haben. Es gilt also, durch Schnalzen, kurze, aufmunternde Worte oder durch Hochheben einer Peitsche den Trab genügend fleißig zu gestalten. Außerdem soll verhindert werden, daß die Pferde vor den Cavalettis kleine Zwischentritte einlegen, also praktisch unterlaufen, anstatt mit raumgreifenden Bewegungen früh abzufußen. Empfindliche Pferde brauchen nur wenig treibende Hilfen; manche dagegen lassen sich kräftig auffordern. Insofern ist jedes Pferd verschieden. Der ruhige, gefühlvolle Reiter wird es nicht schwer haben, den notwendigen Kontakt zu seinem Pferde herzustellen. Wer dieses Gefühl noch nicht hat, sollte es bei dieser Gelegenheit üben und dadurch manche Erfahrung für seine spätere Reiterei sammeln.

4. Phase: Vergrößerte Zwischenabstände

Bevor der *Abstand* zwischen den Bodenricks *vergrößert* werden darf, lasse man das Pferd auf der cavaletti-freien langen Seite einige Male bis zum Mitteltrab zulegen und an der kurzen Seite durch Nachlassen der treibenden Peitschenhilfe wieder zum Arbeitstempo verkürzen. Erst dann sollten die Bodenricks jeweils um einige Zentimeter auseinandergezogen werden. Hierbei ist es wichtig, so geschickt vorzugehen, daß die Aktion des Pferdes nicht unterbrochen wird. Dadurch wird eine fließende Steigerung bis zum raumgreifenden Mitteltrab erreicht. Wie weit die Cavalettis nach und nach auseinandergezogen werden können, läßt sich immer nur von Fall zu Fall entscheiden. Das Höchstmaß dürfte bei 1,50 m liegen. Die Grenze ist überschritten, wenn das Pferd gezwungen ist, Zwischentritte zu machen.

Übungsdauer

Die zeitliche *Dauer* der Übung ist von dem Trainingszustand des Pferdes abhängig. Durch die vermehrte Streckung wird — wie wir aus dem ersten Kapitel wissen — eine erhöhte Beanspruchung der Muskeln und Organe gefordert. Nach meinen Erfahrungen sind 10 Minuten für ein normales Reitpferd schon viel. Um das richtige Maß zu finden, muß der Reiter das Pferd während der Arbeit *laufend beobachten*. Hierbei richtet sich sein Augenmerk besonders auf die Frische der Bewegungen, auf den Gesichtsausdruck, das Ohrenspiel, die Schweifhaltung und die Atembewegung der

Nüstern. Schweißausbruch ist nicht unbedingt ein Zeichen von Ermattung, deutet aber mit Sicherheit darauf hin, wenn er zu plötzlich oder zu heftig auftritt. Wer sich ernsthaft bemüht, wird bald die nötige Urteilsfähigkeit erlangen. Er wird immer neue Züge an seinem Pferde entdecken und schon nach kurzer Zeit wissen, wann sein Pferd müde wird und wann es sich lediglich aus Bequemlichkeit schont. Im Zweifelsfall ist anzunehmen, daß Müdigkeit vorliegt, vor allem, wenn die Tritte an Ausdruck verlieren. Jede gute Übung sollte mit lobenden Worten bedacht werden. Folgen mehrere gute Übungen hintereinander, wird zur Belohnung eine kurze *Schrittpause* eingelegt und nach *Handwechsel* anschließend auf der anderen Seite fortgefahren. In den Schrittpausen braucht der Aufbau nicht verändert zu werden; denn die Pferde umgehen die Bodenricks erfahrungsgemäß von selbst.

Nach 10—20 Minuten der Vorbereitung (Abspringen, Ablaufen mit Ausbindezügel), weiteren 10 Minuten über Cavalettis und schließlich 5—10 Minuten im Zulegen, ist die Ausbildungsstunde zu Ende. Die Ausbindezügel werden abgenommen. Das Pferd erhält noch Gelegenheit, ein wenig Schritt zu gehen, bis es abgetrocknet ist und die Flanken und Nüstern sich wieder in Ruhe bewegen. Erst dann wird das Pferd in den Stall zurückgebracht.

Abschließend bleibt noch die Frage zu beantworten, *wie oft* diese Arbeit ausgeführt werden sollte. Wer Zeit und Gelegenheit hat, sich täglich mit seinem Pferde zu beschäftigen, möge es alle 8 bis 14 Tage einmal frei über Bodenricks traben lassen. Hinzu kommt ein mehrmaliges Reiten über Cavalettis, worüber die Ausbildungspläne im Anhang nähere Auskunft geben. — Wer nicht regelmäßig arbeiten kann, wird gut daran tun, sein Pferd wenigstens ab und zu über Bodenricks gehen zu lassen. Jede einzelne Stunde, die systematisch aufgebaut wird, ist für die Ausbildung ein Gewinn. Die Verwendung von Bodenricks kann daher selbst dann empfohlen werden, wenn keine regelmäßige Fortführung gewährleistet ist. Natürlich kann sie den Wert einer planmäßigen Schulung nicht erreichen.

Pferde, die für besondere Aufgaben vorbereitet werden, bedürfen auch einer entsprechenden *Sonderausbildung*. Militarypferde, von denen im Gelände große Ausdauer verlangt wird, können beispielsweise während des Winters durch häufiges Traben über Cavalettis in Kondition gehalten werden. Ich selbst habe diese Gelegenheit immer gern wahrgenommen und dadurch viele Erfolge erzielen können. Mein Plan bestand aus drei- bis viermaligem Einsatz wöchentlich, wobei ich die Dauer der Ausbildungsstunde manchmal auf 50—70 Minuten erhöht habe.

An der Longe

Der Vorzug der Longenarbeit über Bodenricks besteht in der Möglichkeit, einseitige Steifheiten des Pferdes im Hals und Rumpf zu beseitigen. Durch die Einstellung des Pferdekörpers auf die Kreislinie wird die innere Seite rund oder — wie man auch sagt — hohl gemacht, wodurch die äußeren Hals- und Rumpfmuskeln gedehnt werden. Der innere Hinterfuß wird zum vermehrten Tragen und Untertreten veranlaßt. Die Länge der Tritte kann durch Vergrößern oder Verkleinern des Zirkels ohne Umbau der

Seite 35: 6 und 7: Unerfahren:
4jähr. westf. Wallach **Mentor** von **Master Richard xx;** typisch für junge Pferde: übertriebenes, fast schon verkrampftes Anwinkeln der Beine aus Scheu vor den Bodenricks; gutes Ausbalancieren des Halses
8: Verhalten:
10jähr. holst. Wallach **Arcadius** von **Wanderfalk xx;** trotz richtig hingegebener Zügel keine volle Streckung des Halses

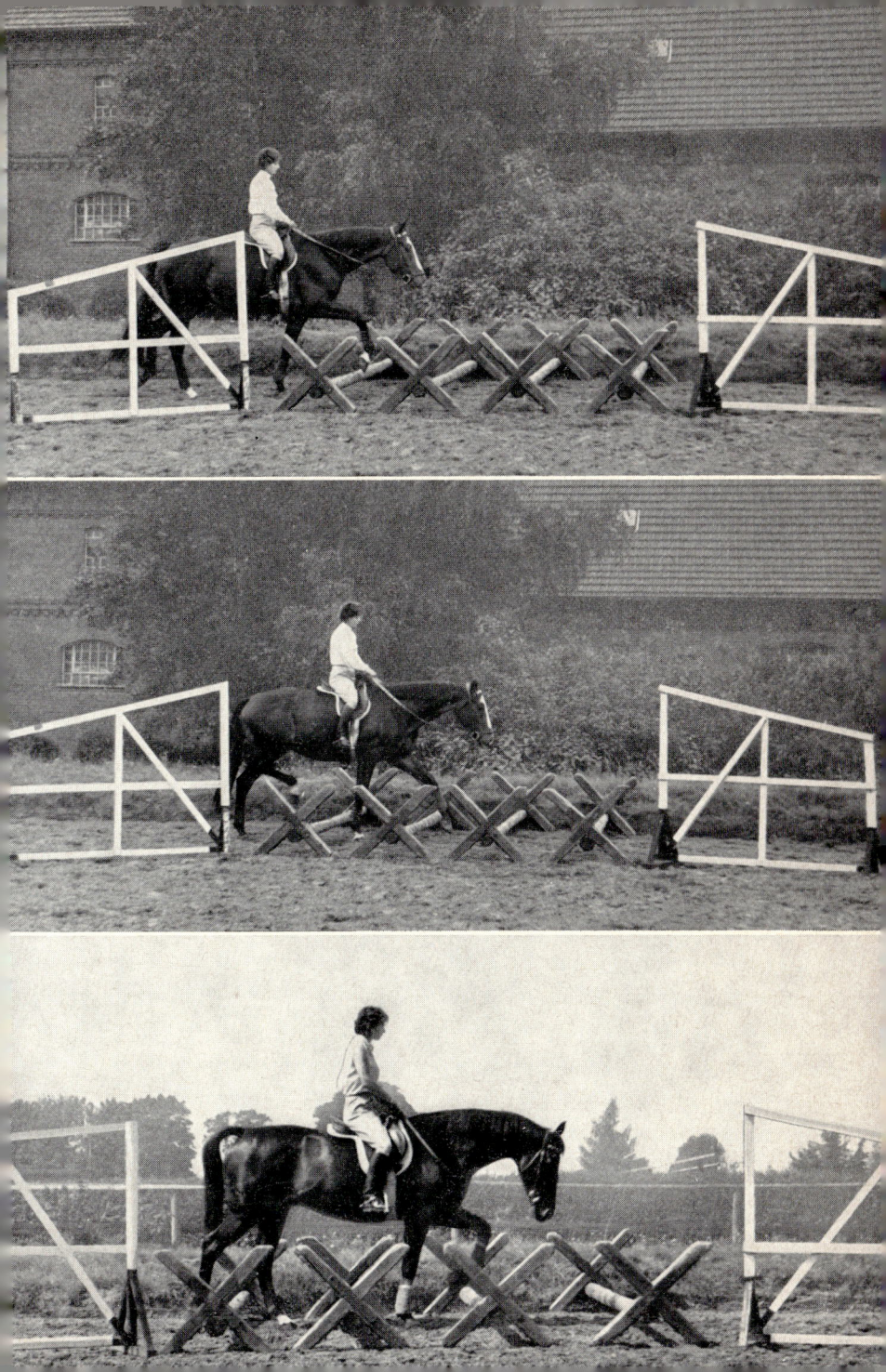

Cavalettis beliebig verändert werden. Dieser Vorteil ist besonders hoch einzuschätzen, weil man dadurch nach jeder Streckung die Tritte bei der nächsten Runde sofort wieder auf die normale Länge des Arbeitstempos zurückführen kann.

Allerdings ist das Longieren über Bodenricks mit Schwierigkeiten verbunden. Bei mangelnder Wachsamkeit bleibt die etwa 7 m lange Longe leicht an den Ständern der Cavalettis hängen. Die Zirkellinie muß unbedingt eingehalten werden, weil der Abstand zwischen den Bodenricks größer oder enger wird, sobald das Pferd die vorgesehene Zirkellinie verläßt. Der Reiter muß also stets auf der Hut sein. Deshalb empfehle ich Anfängern, ihre Pferde lieber erst frei über Cavalettis laufen zu lassen oder sie darüber zu reiten, und sich erst später der Longe zu bedienen. Nur wenn man lediglich ein Cavaletti benutzt oder sie einzeln auf dem Zirkel verteilt, mag die Verwendung der Longe einfacher sein. Durch den Einsatz von Bodenricks mit vierkantigen Ständern kann einem Festhaken der Longe begegnet werden.

Aufbau der Cavalettis

Für das Longieren über *ein* Cavaletti ist der Aufbau einfach: man legt ein Rick auf den Hufschlag des Zirkels. Wenn andere Pferde in der Bahn geritten werden, wählt man als Standort die offene Zirkelseite, um möglichst wenig zu stören. Wer sein Pferd lediglich über Cavalettis ablongieren will, um es nachher noch zu reiten, kann sich auch damit begnügen, 3—4 Ricks einzeln auf dem Zir-

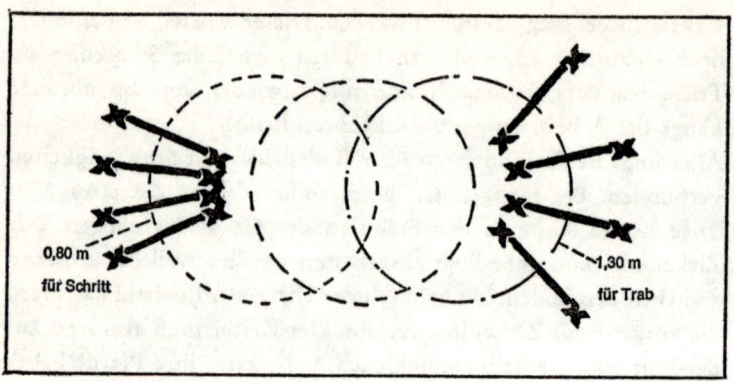

Bild 7. Cavaletti-Aufbau für Longenarbeit

kel zu verteilen. Man erreicht dann immerhin, daß die Pferde während einer Zirkelrunde mehrere Male aufmerksam gemacht werden.

Für die eigentliche Ausbildungsarbeit, deren Ziel es bekanntlich ist, den Bewegungsablauf zu kontrollieren, hat sich nach meinen Erfahrungen der auf Bild 7 skizzierte Aufbau am besten bewährt. Er braucht während der Ausbildungsstunde nicht verändert zu werden, setzt allerdings voraus, daß die Pferde bereits Cavalettis kennen und folglich sogleich die Überwindung mehrerer Bodenricks verlangt werden kann.

Der mittlere Kreis dient zum Longieren ohne Cavalettis. Der rechte Zirkel ist für die Trabarbeit und der linke für die Schrittarbeit vorgesehen. Die beiden Außenseiten werden sicherheitshalber mit Fängen oder Stangen eingefaßt. Wer keine acht Cavalettis besitzt, kommt auch mit sechs (auf jeder Seite drei) aus und kann zur Ergänzung vielleicht noch eine Stange zwischen die Cavalettis legen. Aber selbst drei Cavalettis auf jeder Seite genü-

38

gen durchaus. Wichtig ist, daß die Bodenricks strahlenförmig aufgestellt werden, damit sie dem Bewegungsrhythmus auf der gebogenen Linie angepaßt sind.

Der Abstand für *Trab* beträgt in der Mitte 1,30 m, so daß an den
Außenseiten hinreichend Spielraum für eine Verlängerung oder
Verkürzung der Trabtritte besteht. Die niedrigste Höhe von
15—20 cm genügt. Im *Schritt* soll der Abstand in der Mitte 0,80 m
sein. Im *Galopp* empfehle ich, keine Cavalettis zu verwenden,
weil mir die Gefahr einer Schädigung durch übermäßigen Kraftaufwand im Verhältnis zu dem erreichbaren Nutzen als zu groß
erscheint. Ich halte es wohl für sinnvoll, Pferde an der Longe über
kleinere Sprünge galoppieren zu lassen. Doch gehört das nicht
mehr in den Bereich der Cavaletti-Arbeit, sondern ist bereits
reine Springausbildung. — Die Gründe, die beim Freilaufen in der
Reitbahn gegen Schrittarbeit sprechen, gelten an der Longe nicht.
Durch die Verbindung mit der Longierleine, die Möglichkeit mit
Peitschenhilfe und die nahe Entfernung zum Reiter läßt sich das
Schrittempo hier ohne Schwierigkeiten fleißig halten.

1. Phase: Ablongieren ohne Cavalettis

Auch das Longieren über Cavalettis muß durch lösende Übungen
vorbereitet werden. Zu diesem Zwecke läßt man das Pferd zunächst mit leichtester Anlehnung ausgebunden oder, wer es sich
bei erfahrenen Pferden leisten kann, sogar ohne Ausbindezügel
im Trab oder Galopp etwa 5—10 Minuten auf dem mittleren
Zirkel an der Longe ablaufen. Man führe sich stets vor Augen,
daß Pferde, die täglich eine Stunde Bewegung erhalten, nahezu
23 Stunden im Stall verbringen. Darum gönne man ihnen am Anfang wenigstens einige Minuten des Ablaufens und beschränke
sich darauf, sie während dieser Zeit möglichst wenig zu beein-

flussen. Die meisten Pferde werden sich sofort frisch in Bewegung setzen und vielleicht sogar heftig losstürmen. Hier helfen ein paar beruhigende Worte, um die Pferde nach und nach zu normalem Tempo zurückzuführen. Dabei kann die Longe durch kurzes Annehmen und Nachgeben oder durch eine schlängelnde Bewegung mit der Leine zu Hilfe genommen werden. Die Peitsche hält man am besten noch unter dem Arm. — Es gibt auch Pferde, die sich von Anfang an treiben lassen. Sie können schon nach einigen Runden wieder angehalten werden.

2. Phase: Anlegen der Ausbindezügel

Nach kurzem Handwechsel und Ablongieren auf der anderen Hand folgt das Anlegen der Ausbindezügel. Hierbei ist zu berücksichtigen, daß die Pferde auf der gebogenen Linie gehen sollen. Der innere Ausbindezügel muß daher kürzer verschnallt werden als der äußere. Das richtige Maß wird bei 5—10 Zentimetern liegen, also etwa drei bis sechs Loch. Die Funktion des äußeren Ausbindezügels besteht darin, die Innenstellung zu begrenzen und ein Ausweichen über die äußere Schulter zu verhindern. Der äußere Zügel muß infolgedessen stets mit anstehen. Die Ausbindezügel sind — wie bei der Arbeit auf geraden Linien — rechts und links am Sattelgurt unterhalb des Sattelblattes zu befestigen, damit das Pferd seinen Hals über den Bodenricks vorwärts abwärts dehnen kann. Danach ist auch die Länge der Zügel auszurichten, die im Laufe der Stunde je nach Bedarf mehrfach berichtigt werden sollte. Wann die Verwendung eines dritten Ausbindezügels ratsam erscheint, ist bereits anläßlich der Arbeit ohne Longe besprochen worden (siehe S. 28). — Die Longierleine wird in den Verbindungssteg der Trense geschnallt und nicht in den inneren Trensenring, damit das Trensengebiß nicht einseitig aus dem Pferdemaul gezogen wird. Fehlt der Verbindungssteg, kann man

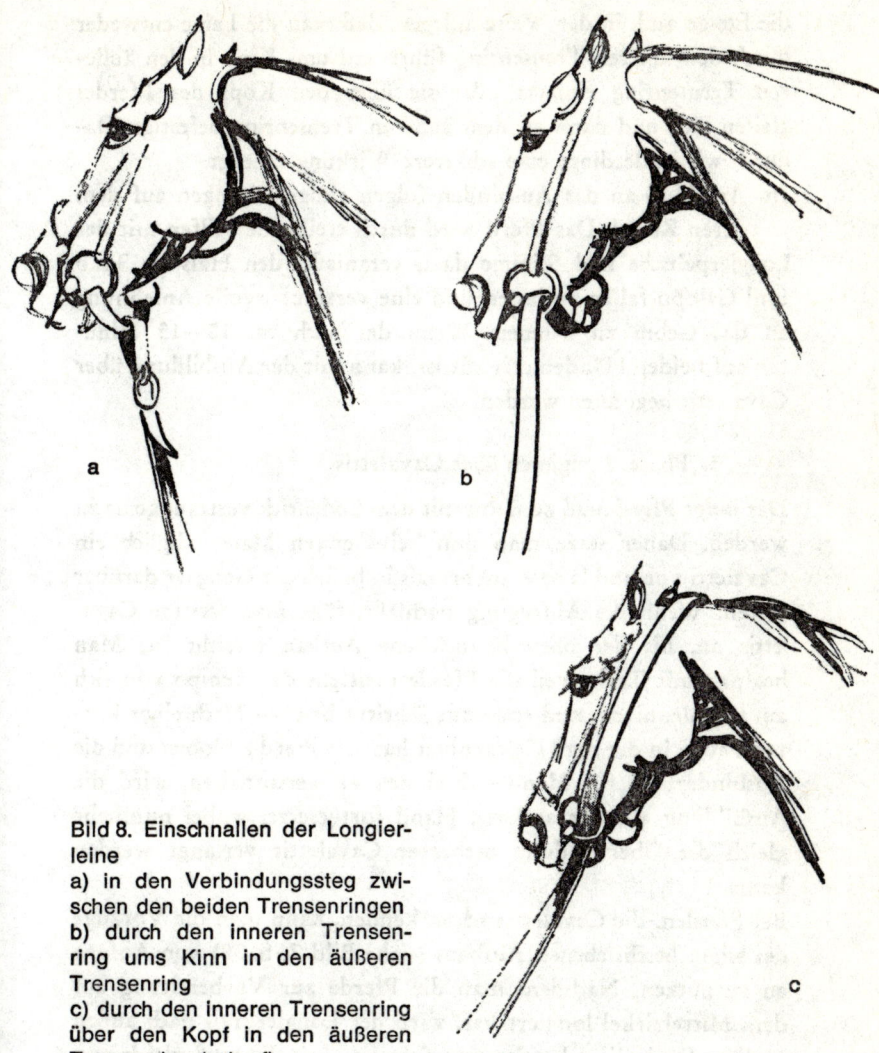

**Bild 8. Einschnallen der Longier-
leine**
a) in den Verbindungssteg zwischen den beiden Trensenringen
b) durch den inneren Trensenring ums Kinn in den äußeren
Trensenring
c) durch den inneren Trensenring
über den Kopf in den äußeren
Trensenring (scharf)

41

die Longe auch in der Weise anlegen, daß man die Leine entweder durch den inneren Trensenring führt und ums Kinn in den äußeren Trensenring einhakt oder sie über den Kopf des Pferdes gleiten läßt und dann an dem äußeren Trensenring befestigt. Dadurch wird allerdings eine schärfere Wirkung erzeugt.

Im Anschluß an das Ausbinden folgen einige Übungen auf dem mittleren Zirkel. Das Pferd wird durch treibende Hilfen mit der Longierpeitsche und Stimme dazu veranlaßt, den Hals im Trab und Galopp fallen zu lassen und eine vertrauensvolle Anlehnung an das Gebiß zu nehmen. Wenn das nach ca. 10—15 Minuten auf beiden Händen erreicht ist, kann mit der Ausbildung über Cavalettis begonnen werden.

3. Phase: Longieren über Cavalettis

Das *junge* Pferd muß zunächst mit dem Bodenrick vertraut gemacht werden. Daher setze man ihm beim ersten Male lediglich ein Cavaletti vor und lasse es mehrmals in beliebiger Gangart darüber treten. Wenn die Aufregung nachläßt, füge man weitere Cavalettis an, bis der oben beschriebene Aufbau erreicht ist. Man beginne mit Trab, weil die Pferde meistens das Tempo von sich aus beschleunigen, und ende mit Schrittarbeit. — Nach einer kurzen Pause, in der man Gelegenheit hat, das Pferd zu loben und die Ausbindezügel für Handwechsel neu zu verschnallen, wird die Ausbildung auf der anderen Hand fortgesetzt, wobei nunmehr gleich die Überwindung mehrerer Cavalettis verlangt werden kann.

Bei Pferden, die Cavalettis schon kennen, kann man die Vorzüge des schon beschriebenen Aufbaus (siehe Bild 7, S. 38) von Anfang an ausnutzen. Nachdem man die Pferde zur Vorbereitung auf dem Mittelzirkel longiert hat, wird der Longierkreis nach außen verlegt. Darin liegt bereits eine *Schwierigkeit*. Es muß gleich von vornherein gelingen, das Pferd an die Mitte der Cavalettis heranzuführen, damit es den günstigsten Abstand vorfindet. Wenn das Pferd schon beim ersten Male durch falsches Heranbringen aus dem Tritt gebracht wird, ist das Vertrauen gestört, und der Reiter wird Mühe haben, überhaupt noch ein ruhiges, losgelassenes Treten zu erzielen.

Wie aber wird der *Zirkel vergrößert?* — Indem man die Longe durchgleiten läßt und die Peitsche in Richtung auf die Schulter des Pferdes bewegt. Zur Unterstützung kann man der Longe noch eine schlängelnde Bewegung geben, die das Pferd nach außen treibt. Das Erweitern des Kreisbogens sollte einige Male auf dem Mittelzirkel geübt werden, bevor man das Pferd gegen die Cavalettis gehen läßt. Erst dann folgt die eigentliche Trabarbeit. Hierbei ist zu berücksichtigen, daß der *innere Hinterfuß* einer starken Belastung unterworfen wird. Der Bewegungsablauf des Pferdes muß daher sorgfältig beobachtet werden. Ungleiches Abfußen nach Überwinden des Bodenricks deutet auf Spannung, vielleicht sogar auf Muskelschmerzen hin und gibt Veranlassung, sofort auf den mittleren Zirkel zurückzukehren. Auch ohne Anzeichen der Anstrengung empfehle ich, nach fünf- bis achtmaligem Traben über die Cavalettis wieder den Mittelkreis einzunehmen, um nach einigen Runden erneut nach außen zu gehen. Der ständige *Wechsel* zwischen dem mittleren Zirkel und dem Überwinden der Bodenricks im Schritt und Trab ist es, der das Pferd geschmeidig macht und die Muskeln schult. Jede Eintönigkeit nimmt dem Pferd außerdem die Freude an der Bewegung, von der die gesamte Reiterei letztlich abhängt.

Selbst wenn beabsichtigt ist, eine einseitig vorhandene Steifheit des Pferdes zu bekämpfen, darf der *Handwechsel* nicht vergessen werden. Ich habe die Erfahrung gemacht, daß sich Pferde nach einer kurzen Pause mit Handwechsel allgemein viel leichter ent spannen, als wenn man ständig die schwierige Seite bearbeitet. Die Außenbahn der Cavaletti-Zirkel, auf der die Abstände weiter sind, sollte erst benutzt werden, nachdem der Reiter genügend Erfahrung und Geschicklichkeit gesammelt hat. Im Laufe der Zeit wird der *Kontakt zwischen Reiter und Pferd* bei richtiger Behandlung enger werden. Das Pferd braucht immer weniger Hilfen, und am Ende ist man erstaunt, wie leicht es sich lenken läßt, wenn es Vertrauen hat. Erst dann bereitet die Arbeit echte Freude und ist für die spätere Reiterei ein wertvoller Gewinn.

Übungsdauer

Zeitlich gesehen sollte für das Longieren über die Bodenricks eine Dauer von insgesamt 20 Minuten nicht überschritten werden, so daß sich die Ausbildungsstunde wie folgt aufgliedert: 5—10 Minuten Ablaufen ohne Ausbindezügel, 10—15 Minuten ausgebunden ohne Cavalettis und 20 Minuten im Trab und Schritt über Boden-

Seite 45: Mittelschritt am langen Zügel
11: 5jähr. westf. Wallach **Scipio** von **Sinus xx;** Reiter und Pferd in guter Harmonie
12: **Anblick,** richtig beigezäumt
Cavaletti-Arbeit mit Zwischentritt
13: Betont hohes Abfußen von **Mentor,** gute Halsstellung

Seite 46: Leichttraben über Cavalettis
Scipio
14: Richtig ausgeführt: schwungvolles Abfedern; gute Halseinstellung, korrekter Entlastungssitz des Reiters
15: Fehlerhaft: durchhängender Zügel; festgehaltene Rückenmuskulatur; zurückbleibende Hinterhand
16: Gegen den Zügel davongestürmt; Reiter mit dem Gesäß hinter der Bewegung

44

ricks. Am Schluß geht das Pferd wieder ohne Ausbindezügel im Schritt, bis es trocken in den Stall zurückgebracht werden kann. Mehr als eine Ausbildungsstunde alle acht bis vierzehn Tage empfehle ich nicht, weil das Reiten über Bodenricks ebenfalls eingeplant werden muß und die Beanspruchung für das Pferd sonst zu groß werden könnte. Weitere Einzelheiten können den Ausbildungsplänen im Anhang entnommen werden.

Seite 47: Schritt am Zügel
17: Vorbildlich, **Arcadius**
18: Fehlerhaft, **Dux,** Nase hinter der Senkrechten
19: Überm Zügel, **Scipio,** zu hohe Aufrichtung des Halses, festgehaltener Rücken

Seite 48: Cavaletti-Arbeit im Trab
20: Anblick; vorbildliches Abfußen mit tiefer Halseinstellung
21: 10jähr. hann. Stute **Duette** von **Duellant;** schwungvolle Aktion eines zufriedenen Pferdes in vollem Gleichgewicht
22: Aussitzen im versammelten Trab: **Arcadius;** höchster Grad an Aufrichtung eines fortgeschrittenen Dressurpferdes

VIERTES KAPITEL

Cavaletti-Arbeit mit Reiter und Pferd auf geraden Linien

Die Arbeit unter dem Reiter bildet trotz der Erleichterungen mit und ohne Longe den Schwerpunkt der Ausbildung über Bodenricks. Alles andere dient mehr der Vorbereitung auf die eigentliche Aufgabe, soll den Grundstein legen für die spätere Reiterei und dem Reiter wertvolle Hilfe für die Einwirkung im Sattel sein. Zu Pferde gilt es nun, sich die gesammelten Erfahrungen nutzbar zu machen. Reiter und Pferd sollen den vielen möglichen Ausbildungszielen nähergebracht und so weit gefestigt werden, daß sie selbst schwierige Übungen mühelos ausführen können. Die Grundschule dafür ist das Reiten über Cavalettis auf geraden Linien.

Verschiedene Formen des Cavaletti-Aufbaues

Vor jeder Reitstunde mache man sich wenigstens kurz Gedanken über das, was man im Laufe der Stunde erreichen möchte, und wähle den dazu passenden Cavaletti-Aufbau. Nach meinen Erfahrungen haben sich für die Arbeit auf geraden Linien fünf verschiedene Aufbauformen bewährt, die im folgenden kurz erörtert werden sollen.

Der einfachste Aufbau ist das Aufstellen mehrerer Cavalettis hintereinander unmittelbar an der Wand einer langen Seite oder

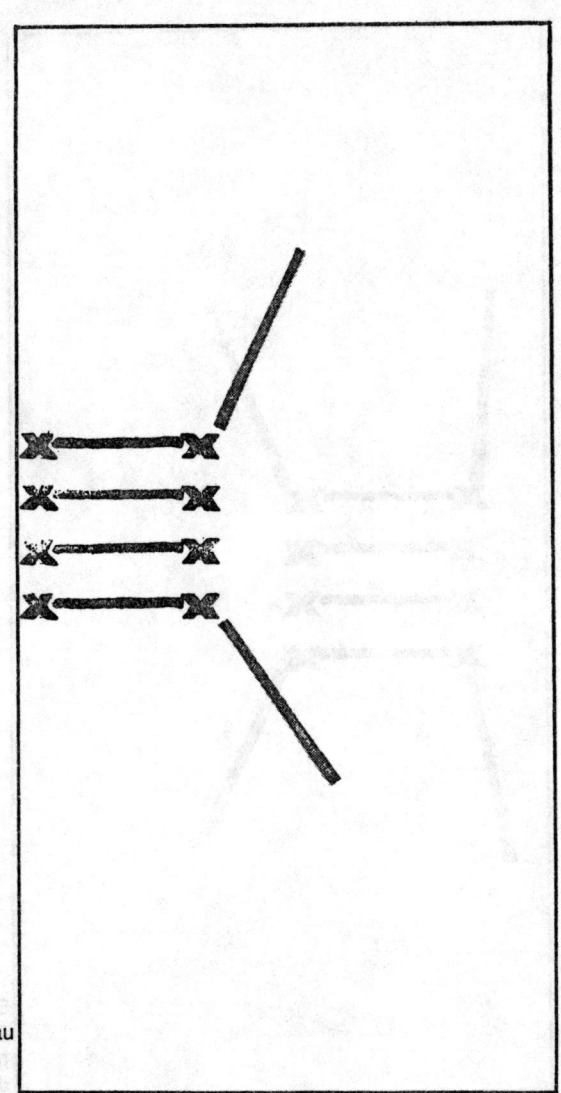

Bild 9.
Cavaletti-Aufbau
auf
dem Hufschlag

51

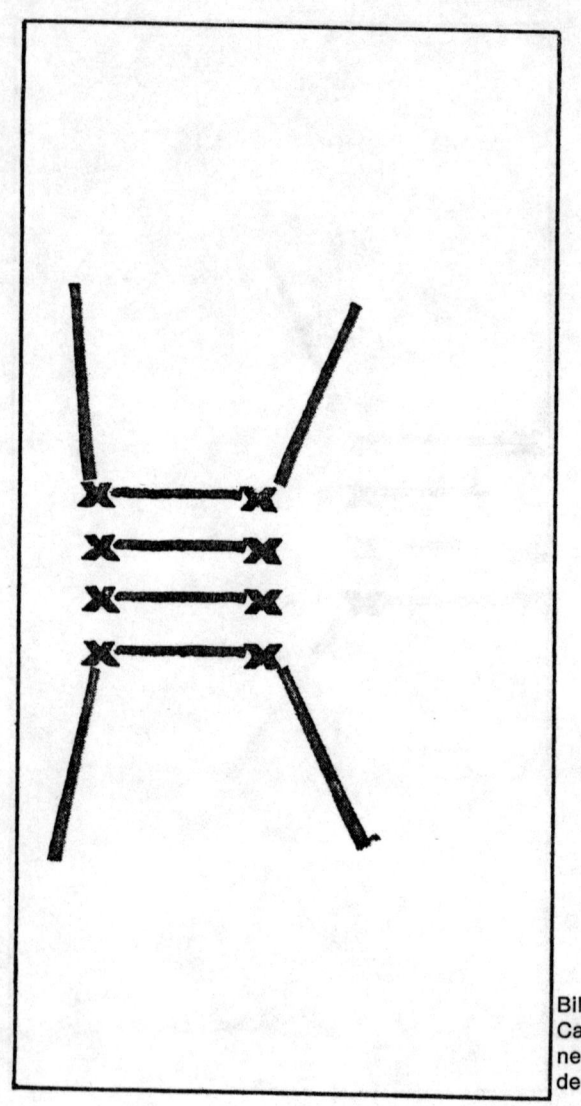

Bild 10.
Cavaletti-Aufbau
neben
dem Hufschlag

52

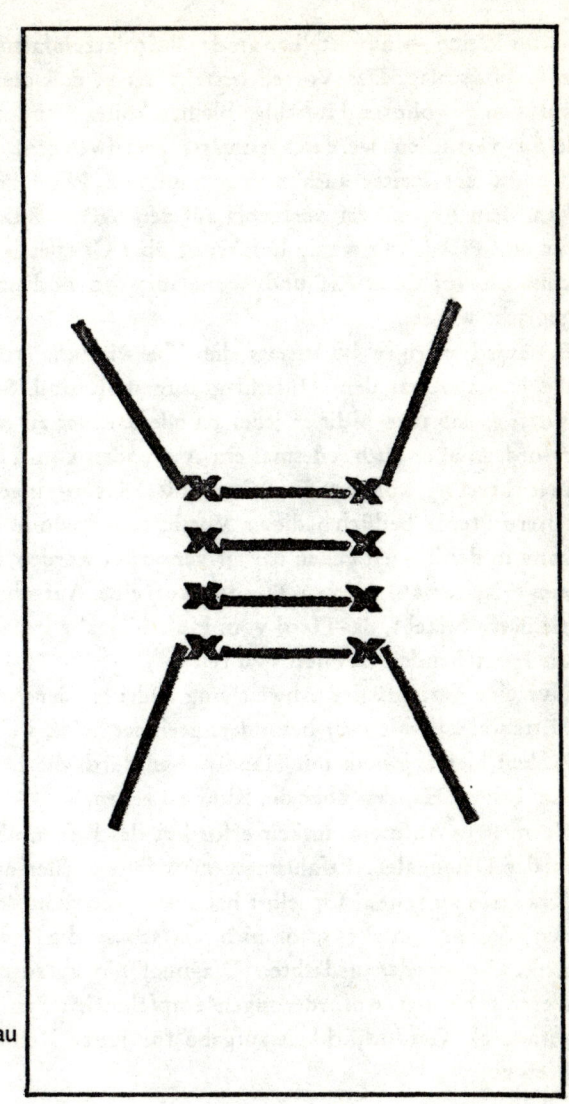

Bild 11.
Cavaletti-Aufbau
auf
der Mittellinie

— im Freien — unmittelbar an der Reitplatzeinfassung, senkrecht zum Hufschlag. Der Vorteil besteht darin, daß die Pferde dann auf dem gewohnten Hufschlag bleiben können und daher nicht so leicht versuchen werden, seitwärts auszuweichen. Infolgedessen braucht der Reiter auch weniger auf sein Pferd zu achten und kann sein Augenmerk vermehrt auf den eigenen Sitz richten. Reiter und Pferde mit wenig Erfahrung über Cavalettis sollten daher zunächst auf diese Art und Weise mit den Bodenricks vertraut gemacht werden.

Etwas schwieriger ist bereits die Überwindung von Cavalettis, die innen neben dem Hufschlag aufgestellt sind. Sie haben den Vorzug, daß man nicht in jeder Runde darüber zu reiten braucht, erfordern aber auch jedesmal ein Abwenden vom Hufschlag. Zur Erleichterung können die Seiten mit Fängen eingefaßt werden. Ältere Pferde bedürfen dieser Vorsichtsmaßnahme nicht. Ebenso kann in denjenigen Fällen darauf verzichtet werden, in denen man junge Reiter auf älteren Pferden vor eine Aufgabe stellen will, die darin besteht, das Pferd vom Hufschlag abzuwenden und über die freistehenden Cavalettis zu reiten.

Nur eine geringfügige Abweichung bedeutet der Aufbau auf der Mittellinie, den ich für besonders geeignet halte, weil er die Möglichkeit bietet, jeweils mit Handwechsel durch die Länge der Bahn von beiden Händen über die Ricks zu reiten.

Vermehrte Aufmerksamkeit erfordert das Reiten über Cavalettis in der Diagonalen. Erfahrungsgemäß fällt es hier am schwersten, geradeaus zu reiten. Ich selbst habe mich nie recht damit anfreunden können, zumal es schon nicht einfach ist, die Bodenricks genau senkrecht zu der gedachten Diagonallinie aufzustellen. Wegen dieser erhöhten Anforderungen empfehle ich den Aufbau aber gerade als Geschicklichkeitsaufgabe für junge Reiter auf älteren Pferden.

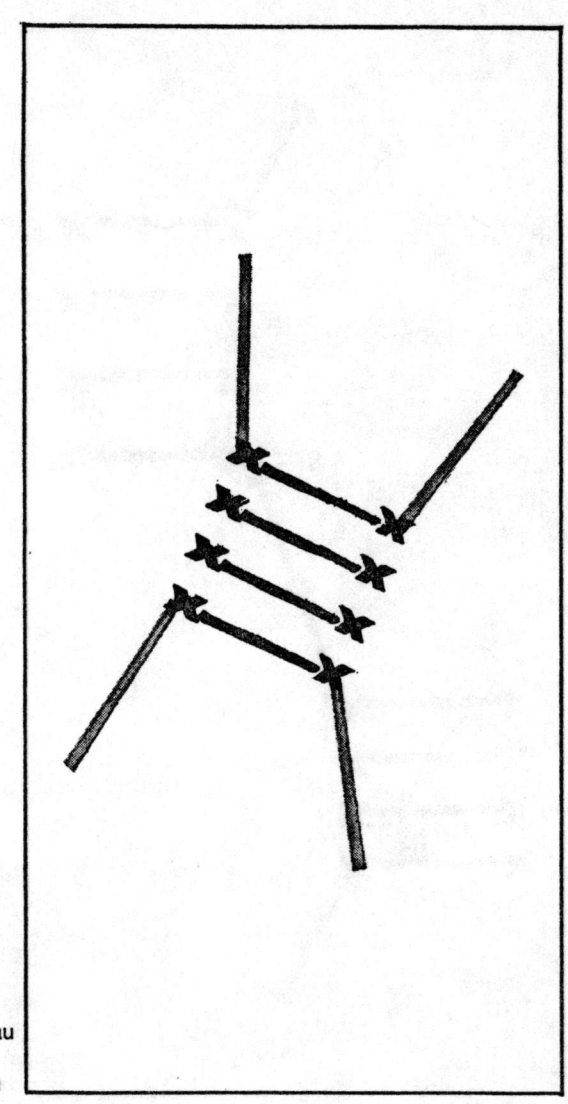

Bild 12.
Cavaletti-Aufbau
auf
der Diagonalen

55

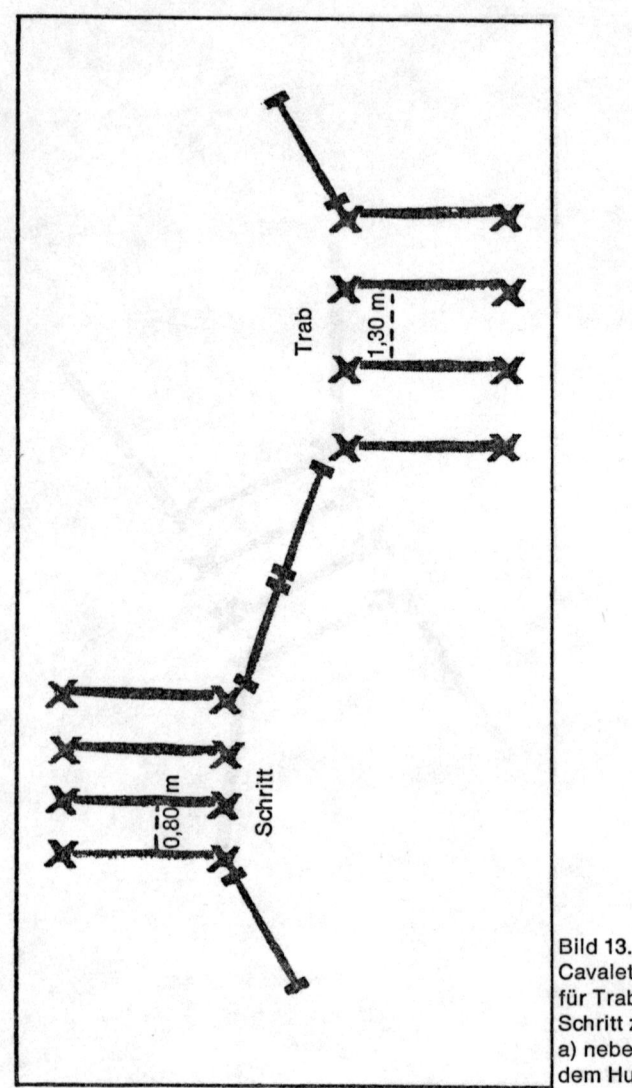

Bild 13.
Cavaletti-Aufbau
für Trab und
Schritt zugleich
a) neben
dem Hufschlag

56

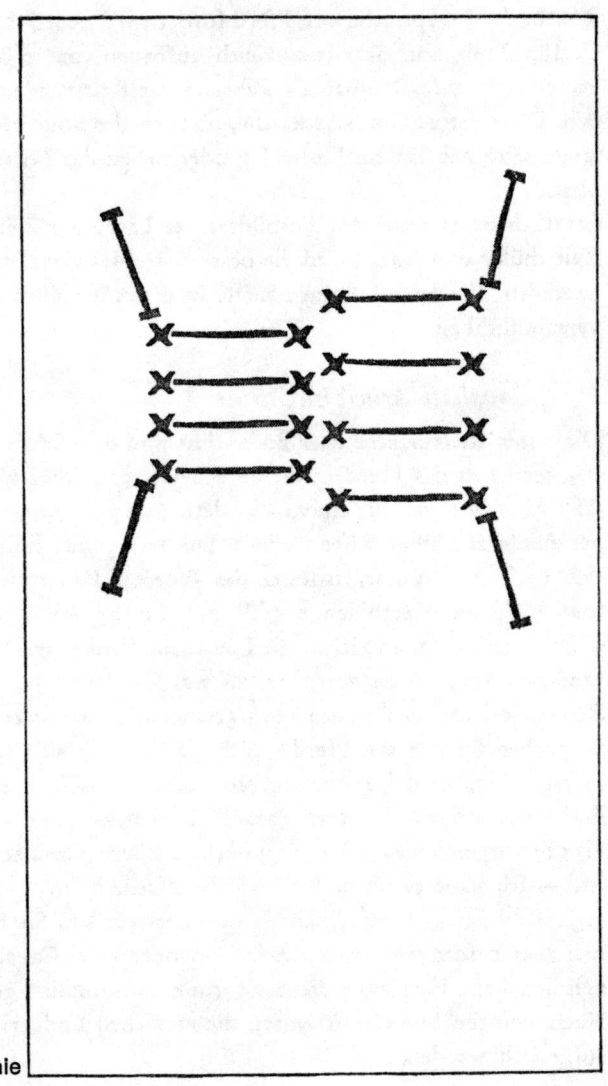

b) neben
der Mittellinie

Wer in der Hauptsache sein Pferd fördern will, wird sich Cavalettis für Trab und Schritt zugleich aufbauen, um möglichst die lästige Arbeit des Umbauens während der Reitstunde zu vermeiden. Dabei ist es Geschmacksache, ob man die Bodenricks auf die lange Seite neben dem Hufschlag oder neben der Mittellinie aufbaut. Letztlich ist es Sache des Ausbilders, im Laufe der Zeit für jeden Reitschüler und jedes Pferd die beste Form des Cavaletti-Aufbaus zu finden. Für den erfahrenen Reiter ist dieses Bemühen eine Selbstverständlichkeit.

Cavaletti-Arbeit im Schritt

Die *ersten Reitversuche* über Bodenricks sind dem Schritt vorbehalten, weil sich das Pferd in dieser Gangart am sichersten anreiten läßt. Man beginne mit einem Cavaletti und gebe dem Pferd hierbei zunächst völlige Zügelfreiheit. Die treibenden Hilfen richten sich nach dem Vorwärtsdrang des Pferdes. Das erste Anreiten muß zügig genug erfolgen, notfalls mit Unterstützung der Stimme. Vom zweiten Mal an ziehen die Pferde meistens von selber an und brauchen kaum noch getrieben zu werden. Der Oberkörper des Reiters soll ein wenig nach vorn geneigt sein, damit er bei einem möglichen Sprung des Pferdes nicht im Rücken stört. Bleibt das Pferd ruhig, wird im Abstand von 0,80 bis 1,00 m ein zweites Bodenrick aufgestellt, kurz darauf ein drittes, dann ein viertes, bis der vorgesehene Aufbau von höchstens sechs Cavalettis erreicht ist. — Ich habe es oft erlebt, daß die Pferde beim Anblick mehrerer Bodenricks hintereinander unruhig wurden. Sie beruhigten sich aber sofort wieder, wenn ich ein oder zwei Cavalettis wegnehmen ließ. Hier war die Steigerung zu plötzlich gekommen. Nach wenigen Minuten konnten die restlichen Bodenricks erneut aufgestellt werden.

Sind die Pferde an Bodenricks schon gewöhnt, kann ihnen der fertige Aufbau gleich von Anfang an vorgesetzt werden. Bei den ersten Malen bleibt der *Zügel nach Möglichkeit hingegeben.* Das Pferd soll sich frei und ungehindert ausbalancieren können. Schreitet es gleichmäßig über die einzelnen Ricks, ist der Zwischenabstand richtig; andernfalls muß der Abstand korrigiert werden.

Das gleichmäßige Schreiten über Bodenricks festigt die natürliche *Fußfolge des Schritts.* Bekanntlich soll das Pferd in dieser Gangart jeden Huf einzeln aufsetzen, und zwar in der Folge:

1. rechter Vorderfuß	3. linker Vorderfuß
2. linker Hinterfuß	4. rechter Hinterfuß

Jede Abweichung ist fehlerhaft, insbesondere die paßartige Fußfolge, bei der die Viertaktbewegung so sehr übereilt wird, daß die Phasen eins und vier sowie zwei und drei fast zusammenfallen. Über Bodenricks hingegen habe ich noch kein Pferd paßartig gehen sehen. Hier findet jedes Pferd zu seinem natürlichen Bewegungsablauf zurück.

Durch richtige Einwirkung des Reiters können außerdem die einzelnen Gangmaße verbessert werden. Wir unterscheiden den Mittelschritt, den versammelten Schritt und den starken Schritt. Der *Mittelschritt* muß mit nachgegebenem Genick und mit Anlehnung an das Gebiß geritten werden. Dadurch kann es vorkommen, daß die erwünschte Schrittlänge nachläßt. Das Pferd soll im Mittelschritt mit den Hinterhufen deutlich über die Fußspuren der Vorderfüße hinausgreifen. Über Bodenricks kann dieser Raumgriff gefördert werden, weil der Zwischenabstand die Schrittlänge vorschreibt. Zu diesem Zwecke stellt der Reiter sein Pferd zunächst an den Zügel, indem er durch vorsichtiges Treiben mit Kreuz und Schenkel eine weiche Verbindung zwischen der ruhig stehenden Zügelfaust und dem Pferdemaul schafft. Sobald das Pferd den Hals fallen läßt und

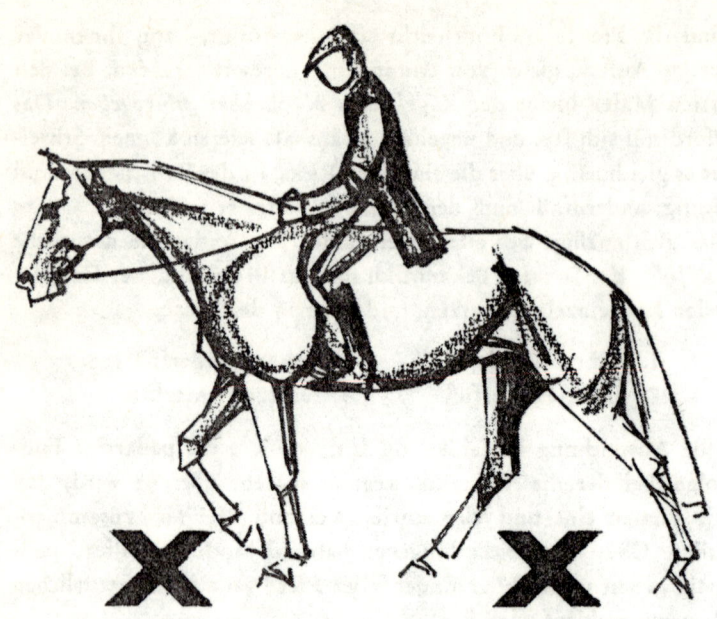

Bild 14. Mittelschritt am langen Zügel über Bodenricks

sich willig an den Zügel dehnt, wird es gegen die Cavalettis geritten. Hierbei werden die Hände möglichst tief genommen. Etwa eine Pferdelänge vor den Ricks geht die Reiterhand in Richtung Pferdemaul etwas vor, damit das Pferd sich auf keinen Fall eingeengt fühlt. Der Oberkörper des Reiters wird zur Entlastung leicht nach vorn geneigt. *Richtig* ausgeführt schreitet das Pferd dann mit tiefer Nase und losgelassener Rückenmuskulatur über die Stangen.

Freilich gelingt es nicht immer, eine weiche Anlehnung an das Gebiß herzustellen. Manche Pferde versteifen den Hals, halten sich im Rücken fest und wehren sich gegen den Zügel. In diesen

60

und ähnlichen Fällen hat sich folgende *Korrektur* bewährt: Man lege vor den Cavalettis eine Volte oder eine Acht an und versuche, das Pferd in der Wendung durch geschickte Hilfengebung und Übertretenlassen zum Nachgeben zu bringen. Aus der Wendung reite man sodann gerade gegen die Cavalettis und lasse die Zügel kurz vorher oder über den Ricks aus der Hand kauen. Meistens streckt sich das Pferd dann erleichtert nach vorn, senkt den Kopf, um zu schauen, wohin es tritt, und entspannt dadurch die wichtigsten Rückenmuskeln. Jede gute Ausführung sollte durch leichtes Anklopfen an den Hals gelobt werden. Anschließend wird die Übung einige Male wiederholt, bis der erstrebte Erfolg erreicht ist.

Die wichtigsten Punkte, die der *Reiter* zu beachten hat, sind zusammengefaßt:

1. Geradeausreiten
2. Vorwärtsreiten
3. Tiefe Halseinstellung mit leichter Zügelanlehnung und tiefen Händen
4. Eingehen mit dem Oberkörper in die Bewegung des Pferdes.

Schiefes Hereintreten und mangelndes Geradeausreiten über den Cavalettis bringen die Pferde aus dem Takt, weil der Zwischenabstand auf der schrägen Linie zwangsläufig größer wird. Bummeliges Anreiten verführt zum Unterlaufen und erzieht die Pferde nicht zum zügigen Abfußen. Plötzliches Nachgeben der Zügel vor den Cavalettis erschreckt das Pferd und verhindert ein williges Durchstrecken. Das Gegenstück ist die hohe, starre Zügelfaust verbunden mit starkem Einsitzen des Oberkörpers, wodurch der Rücken des Pferdes gestört wird. Ich empfehle, zum Treiben vor den Bodenricks den Oberkörper nicht zurückzunehmen, weil es dann meistens nicht mehr gelingt, sich über dem Rick

b) zu weit nach vorn geneigt, Zügel weggeworfen

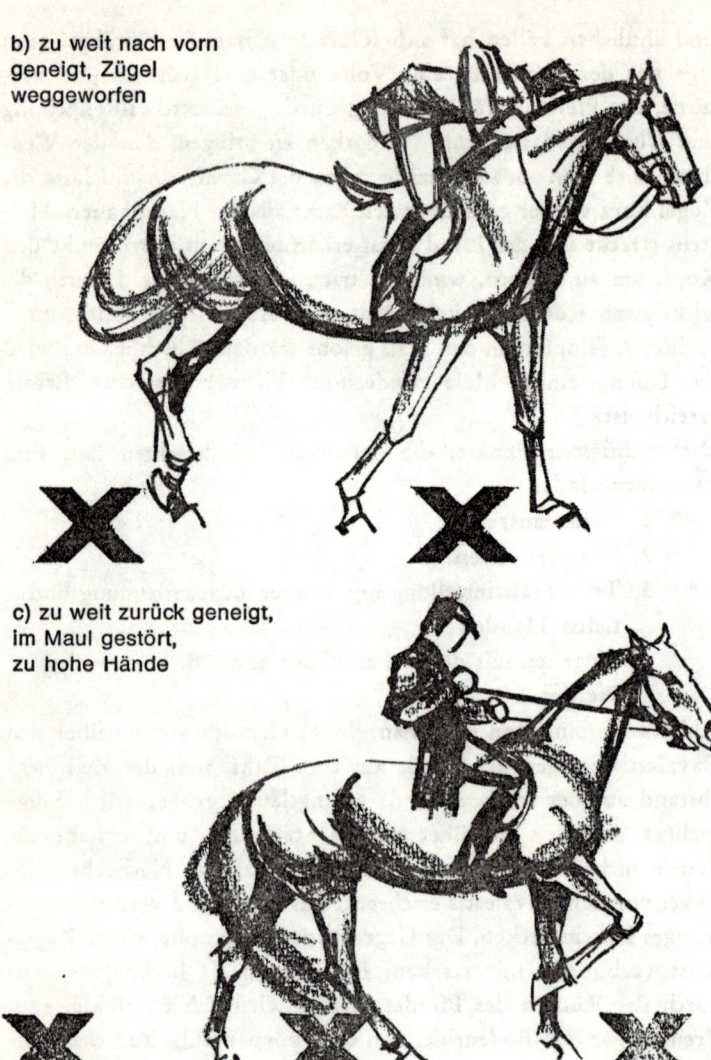

c) zu weit zurück geneigt, im Maul gestört, zu hohe Hände

Bild 15. Fehlerhaftes Reiten im Schritt über Cavalettis
a) schief werden

rechtzeitig wieder zu entlasten. Als treibende Hilfen sind daher Stimme und Unterschenkel zu bevorzugen. Falls eine Gerte mitgeführt wird, ist sie an der Schulter des Pferdes einzusetzen, denn die Peitschenhilfe hinter dem Schenkel oder sogar an der Kruppe bringt den Sitz ebenfalls leicht nach rückwärts.

Der *starke Schritt* soll den Mittelschritt an Raumgriff noch übertreffen. Die Hinterhufe fußen weit über die Fußspuren der Vorderfüße hinaus. Der Reiter läßt dem Pferde volle Halsfreiheit, ohne jedoch die Verbindung mit dem Pferdemaul ganz aufzugeben.

Ohne Cavallettis besteht die Gefahr, daß der Raumgriff des Pferdes beim Zulegen zum starken Schritt nicht größer, sondern die Schritte kürzer und eiliger werden. Durch richtigen Einsatz von Bodenricks wird dem begegnet, indem die Cavallettis nach und nach weiter auseinander gezogen werden. Ich empfehle hierzu, die Zügel spätestens über dem ersten Rick aus der Hand kauen zu lassen, um die Pferde dadurch zur größtmöglichen Streckung zu ermuntern.

Das Erweitern der Zwischenabstände erfolgt je nach Größe des Pferdes von ca. 0,80 m auf 1,00—1,10 m. Sobald das Pferd anfängt, Zwischenschritte einzulegen, dürfte die Grenze überschritten sein. Ausnahmsweise können diese Zwischenschritte allerdings auch auf Nachlässigkeit des Pferdes zurückzuführen sein. Dann muß der Reiter beim nächsten Mal seine treibenden Hilfen verstärken. Wegen der Belastung für die Muskeln, Sehnen und Bänder sollte die Übung „Starker Schritt über Cavallettis" nicht mehr als zehn- bis fünfzehnmal ausgeführt werden.

Für den *versammelten Schritt* sind die Zwischenabstände wieder auf 0,80 m und weniger zu verkürzen. Der Raumgriff dieses Gangmaßes ist so gering, daß die Hinterhufe des Pferdes knapp

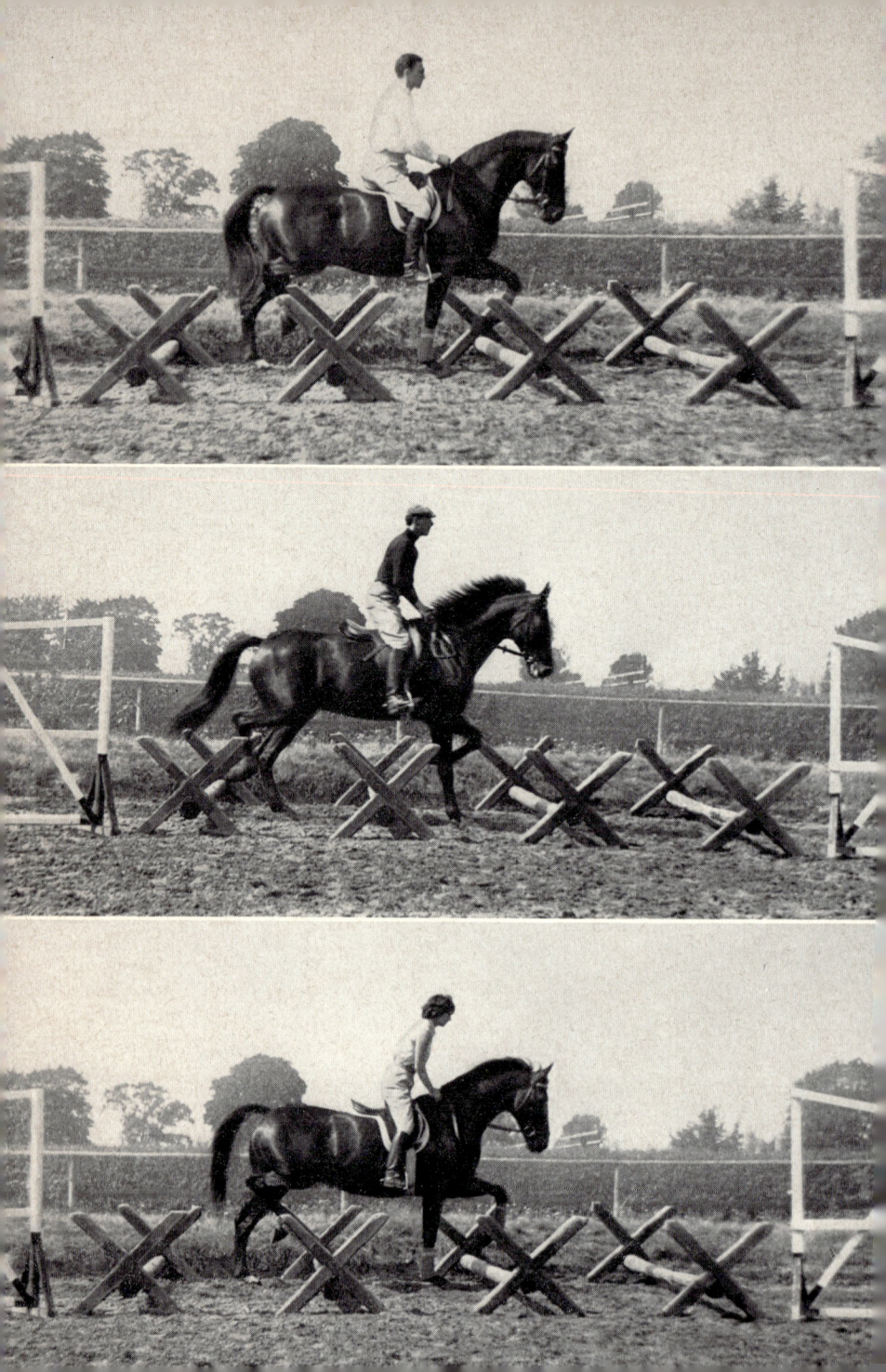

hinter den Fußspuren der Vorderfüße auffußen sollen. Die einzelnen Schritte sind dafür höher und ausdrucksvoller. Der Hals des Pferdes ist aufgerichtet. Die Stirn- und Nasenlinie nähert sich der Senkrechten. — Der versammelte Schritt gehört zu den schwierigsten Übungen des Dressurreitens. Immer wieder sieht man eilige, kurze Schritte in paßartiger Fußfolge. Ihr Entstehen ist leicht zu erklären: Die Pferde werden zum Fleiß angespornt, sollen aber trotzdem weniger Raumgriff gewinnen. Um das zu erreichen, müssen die Zügel verkürzt werden. Versteht das Pferd den Reiter falsch, tritt es schneller, anstatt höher und verliert die Fußfolge des Schritts. An diesem Problem ist schon mancher gute Dressurreiter gescheitert. — Ich helfe mir hierbei durch die Verwendung von Cavalettis. Über Bodenricks können die Schritte nicht eiliger werden, weil die Pferde höher als gewöhnlich fußen müssen, um die Cavalettis zu überwinden. Die Fußfolge des Viertaktes liegt ebenfalls fest. Durch vermehrtes Herantreiben an das Gebiß und Verkürzung der Zügel obliegt es dem Reiter, die notwendige Aufrichtung des Halses über den Bodenricks herzustellen. Es ist allerdings zu bedenken, daß der sichere Erfolg — wie bei allen Cavalettiübungen — stets nur während des Schreitens über

Bild 16. Starker Schritt mit hingegebenen Zügeln über den Cavalettis

die Ricks eintritt. Danach ist die Weiterwirkung nicht gewährleistet, so daß sich niemand falschen Hoffnungen hingeben sollte.
Die Arbeit mit Cavalettis dient lediglich dazu, Reiter und Pferde
auf den richtigen Weg zu bringen. Sie schafft zwar die psychischen
und physiologischen Voraussetzungen für den Erfolg, überläßt es
aber der Reitkunst des Reiters, diesen Erfolg dauerhaft zu
erhalten.

Je nach dem Ausbildungsstand des Pferdes empfiehlt sich für die
Übung „Versammelter Schritt" das Verstellen der Bodenricks auf
die mittlere Höhe von ca. 35 cm. Nach fünf- bis zehnmaliger
Wiederholung, wobei als gute Ergänzung jeweils am Ende der
langen Seite eine Kurzkehrtwendung im Schritt ausgeführt werden sollte, läßt man die Zügel aus der Hand kauen. — Zeitlich
gesehen gehören die versammelten Lektionen in den letzten Teil

Bild 17. Versammelter Schritt über Cavalettis

der Reitstunde, während Mittel- und starker Schritt vorher geritten werden.

Zur Vorbereitung für *Springen* und *Geländereiten* hat sich als weitere Übung das Reiten über Bodenricks im Trabe mit doppeltem Abstand (Übung *Zwischentritt*) bewährt. Zu diesem Zweck wird in der Mitte ein Cavaletti aus der Reihe herausgenommen, so daß die Pferde einmal einen Tritt ohne Cavaletti machen müssen. Dadurch wird die Aufmerksamkeit erhöht. Die Pferde lernen taxieren und werden zum sicheren Gehen auch auf unebenem Gelände angeleitet. — Ich halte es für übertrieben, wenn man zusätzlich bei ein oder zwei Cavalettis die Höhe verändert. Zu leicht werden die Pferde dadurch mißtrauisch und schalten ab.

Es ist selbstverständlich, daß jedes Pferd im Laufe der Arbeit *stolpern* und die Balance verlieren kann. Im Anfang ist häufiger

71

damit zu rechnen, weil die Trittsicherheit erst erlernt werden muß und bekanntlich kein Meister vom Himmel fällt. Doch braucht deshalb niemand besorgt zu sein; denn die Sturzgefahr ist beim Springen mindestens ebenso groß und dazu noch gefährlicher. Verletzungen sind fast immer die Folge von unsachgemäßem Aufbau, zu langer Übungsdauer und mangelnder Unterstützung des Pferdes durch den Reiter. Gelegentliches Anstoßen mit den Hufen oder Fesselköpfen ist völlig unschädlich und braucht nicht weiter beachtet zu werden.

Wie oft die Arbeit mit Bodenricks im Schritt gepflegt werden soll, hängt wieder davon ab, ob der Reiter Zeit zum täglichen Reiten hat. Wenn ja, dürfte ein- bis zweimal in der Woche während der Winterarbeit und einmal alle acht bis vierzehn Tage während der übrigen Zeit richtig sein; ansonsten sollte man sie wenigstens ab und zu in bestimmten Zeitabständen ausführen. Die Einbeziehung in das gesamte System der Cavaletti-Arbeit ergibt sich aus den Ausbildungsplänen im Anhang.

Cavaletti-Arbeit im Trab

Wer mit Schrittreiten über Bodenricks begonnen hat, ist so weit vorbereitet, daß er im Trab sofort über mehrere Cavalettis nach dem eingangs beschriebenen Aufbau (S. 50 ff.) reiten kann. Wer mit Trab beginnt, muß die Anforderungen zunächst von einem Rick bis auf vier Cavalettis steigern. Der Zwischenabstand beträgt nunmehr 1,30—1,50 m. Die niedrigste Höhe von 15—20 cm wird beibehalten.

Während im Schritt die Ausbildung des Pferdes im Vordergrund stand, ist die Arbeit im Trabe für *Reiter und Pferde* gleich gut geeignet. Man unterscheidet deshalb in der Praxis auch zwischen der Ausbildung des jungen Pferdes und derjenigen des jungen Rei-

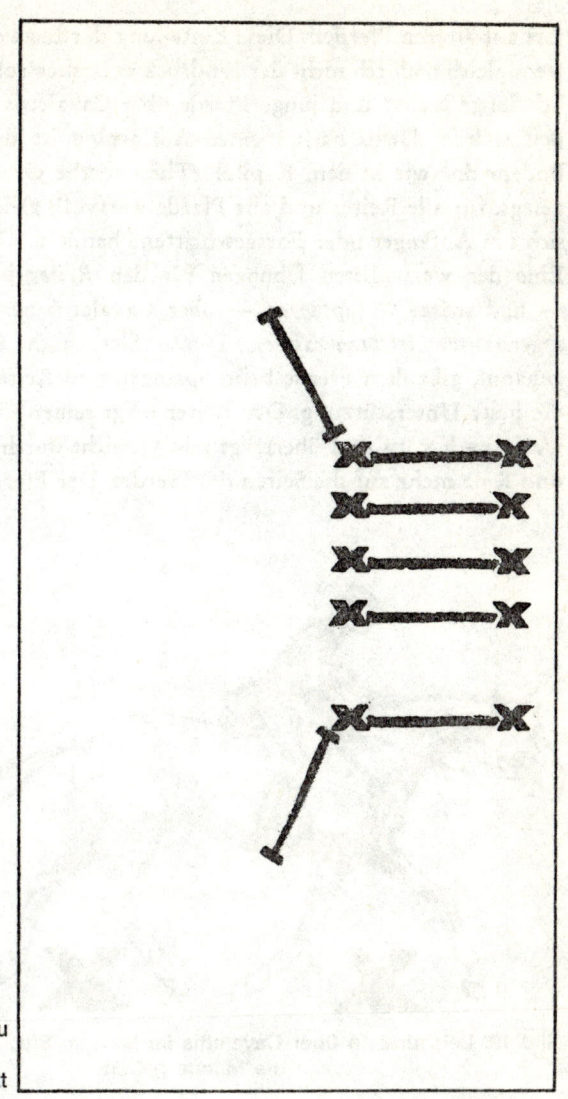

Bild 18.
Cavaletti-Aufbau
für Schritt
mit Zwischentritt

ters auf älteren Pferden. Diese Einteilung dürfte zweckmäßig sein, wenngleich dadurch nicht der Eindruck entstehen sollte, daß lediglich junge Reiter und junge Pferde über Cavalettis geschult werden sollten. Denn nach meiner Auffassung ist die Arbeit mit Bodenricks, wie in dem Kapitel „Theoretische Grundlagen" dargelegt, für alle Reiter und alle Pferde wertvoll, gleichgültig, ob es sich um Anfänger oder Fortgeschrittene handelt.

Eine der wertvollsten Übungen für den *Reiter* ist das Traben — und später Galoppieren — über Cavalettis zur Schulung des sogenannten *leichten Sitzes*. Dieser Sitz, auch Entlastungssitz genannt, gibt dem Pferde beim Springen und Reiten im Gelände die beste Unterstützung. Der Reiter neigt seinen Oberkörper ein wenig nach vorn und überträgt sein Gewicht durch Oberschenkel und Knie mehr auf die Seiten des Pferdes. Der Pferderücken wird

Bild 19. Leichttraben über Cavalettis im leichten Sitz, mit einer Hand in die Mähne gefaßt

entlastet. Die Hände des Reiters stehen tief und ruhig beiderseits des Widerristes. Das Knie ist fest angelegt und der Absatz tief, damit eine sichere Lage der Unterschenkel gewährleistet ist. Die Steigbügel werden etwa zwei bis vier Loch kürzer geschnallt. — Alle diese Merkmale sind bekannt und können in jeder guten Reitlehre nachgelesen werden. Die Frage, die nicht so oft beantwortet wird, ist die, wie der Entlastungssitz erlernt werden kann. Davon soll im folgenden die Rede sein.

Zunächst sind, wie schon erwähnt, die Steigbügel zwei bis vier Loch kürzer zu schnallen. Anschließend wird in drei verschiedenen Phasen über die Cavalettis getrabt.

Die *erste Übung* ist leicht. Sie verfolgt nur den Zweck, das Vertrauen des Reiters zu stärken und jede Befangenheit von ihm zu nehmen. Der Reiter trabt leicht, neigt sich kurz vor den Boden-

Bild 20. Im-Bügel-Stehen als Knieschlußübung

75

ricks etwas nach vorn und faßt mit den Händen in die Mähne. Beim nächsten Mal wird eine Hand in Richtung Pferdemaul vorgeschoben, und schließlich beide Hände, bis der Reiter sich völlig sicher fühlt.

Die *zweite Übung* ist wesentlich schwieriger. Sie verfolgt den Zweck, den Knieschluß zu üben, und verlangt vom Reiter, daß er sich beim Überwinden der Bodenricks in die Bügel stellt. Die Hände fassen zunächst wieder in die Mähne, bis der Reiter die Fähigkeit erlangt hat, sich mit fest anliegendem Knie und Unterschenkel unabhängig von der Bewegung des Pferdes im Gleichgewicht zu halten. Nach und nach werden die Hände wieder losgelassen und in Richtung Pferdemaul vorgeschoben. Eine leichte Berührung der inneren Hand mit dem Pferdehals bleibt bestehen.

Hat der Reiter gelernt, sich im Bügel stehend auszubalancieren und geschmeidig in die Bewegungen des Pferdes einzugehen, folgt als *dritte Übung* das Verschränken der Arme, damit die völlige Unabhängigkeit mit der Hand erlernt wird. Das Ziel ist erreicht, wenn der Reiter mit dem Oberkörper während des Leichttrabens über den Cavalettis nicht mehr hinter die Senkrechte zurückfällt und die Hände bei jedem Leichttraben nicht mit dem Oberkörper auf- und abwärts gehen. Erst dann kann der Reiter von sich behaupten, daß er den leichten Sitz beherrscht und damit die Grundvoraussetzungen für das Galoppieren und Springen erfüllt. Eine weitere Übung dient dazu, dem Reiter das Gefühl für einen schwingenden Pferderücken zu vermitteln. Es ist das *Aussitzen* im

Seite 77: Fehlerhaftes Traben über Cavalettis
35: Zulegen mit zu hoher Halseinstellung; Pferd verliert den Rhythmus
36: Angaloppieren als Folge zu hoher Aufrichtung; Pferd nicht genügend ausbalanciert
37: Reiterin steht mit zurückgerutschten Unterschenkeln im Bügel; richtig gehendes Pferd

Trabe über Cavalettis. Diese Lektion ist allerdings nur für Reiter geeignet, die schon geschmeidig und unabhängig sitzen können. Wer so weit fortgeschritten ist und anfängt, die Bewegungen des Pferdes zu fühlen, kann dieses Gefühl durch Aussitzen über Cavalettis verfeinern und spüren lernen, wann der Rücken des Pferdes schwingt und folglich auch angenehmer sitzen läßt und wann er festgehalten wird und den Reiter wirft. Sobald der Reiter selbst nicht mehr mitschwingt, ist die Rückentätigkeit des Pferdes gestört, und der Reiter läuft Gefahr, das Pferd zu verderben. Deshalb ist beim Aussitzen über Cavalettis im Trabe große Vorsicht geboten. Ich empfehle es nur auf erfahrenen Lehrpferden oder für gute Reiter, die ihren Pferden Passage beibringen wollen, worauf noch näher eingegangen wird. Als Tempo wähle man den verkürzten Trab, der am bequemsten auszusitzen ist.

Die *Trabausbildung des Pferdes* über Cavalettis sollte im Arbeitstempo beginnen. Der Trab ist eine Bewegung im Zweitakt, wobei sich die beiden diagonalen Beinpaare regelmäßig ablösen. Die einzelnen Gangmaße sind Arbeitstrab, versammelter Trab, Mitteltrab und starker **Trab**.

Im *Arbeitstrab* sollen die Hinterfüße möglichst in die Spur der Vorderhufe treten. Das Pferd soll sich taktmäßig, zwanglos und ausdrucksvoll bewegen. Voraussetzung dafür ist ein schwingender Pferderücken, der die von der Hinterhand ausgehende Bewegung fließend und ohne Stockung auf die Vorhand überträgt. Die Rük-

Seite 78: Grundform des Gymnastikspringens mit einem Rick und einem Hindernis
38: Aufbau
39: Dux mit aufgewölbtem Rücken und richtig angewinkelten Vorderbeinen
40: 6jähr. hann. Wallach **Abbas** von **Abhang;** Reiter und Pferd im Gleichgewicht

Bild 21. Traben über Cavalettis mit verschränkten Armen

Bild 22. Aussitzen im versammelten Trab über Cavalettis. Abstände etwas verkürzt (ca. 1,20—1,30 m)

Bild 23. Zügel aus der Hand kauen lassen im Arbeitstrab über Bodenricks

kenmuskeln können durch das kräftigere Abfußen der diagonalen Beinpaare über Cavalettis ausgebildet werden. Hierzu ist jedoch erforderlich, daß die Pferde im Leichttraben mit tiefer Halseinstellung geritten werden. Je tiefer das Pferd sich über den Bodenricks vorwärts abwärts dehnt, desto mehr wölbt es den Rücken auf. Die beste Übung zur Stärkung der Rückenmuskeln ist das Zügel-aus-der-Hand-kauen-lassen über den Cavalettis.
Die richtige Ausführung ist allerdings oft schwieriger, als man es glaubt. Schon das ruhige, gleichmäßige Anreiten mit tiefer Halseinstellung ist ein Problem, das Kopfzerbrechen bereiten kann.
Pferde, die faul sind, lassen sich durch Treiben noch verhältnismäßig leicht heranbringen. Die meisten Pferde werden indes beim Anblick der Bodenricks schneller und würden am liebsten angaloppieren. Hier heißt es, durch halbe Paraden das Arbeitstempo beizubehalten und durch Annehmen und Nachgeben der Zügel zu

Bild 24. Fehlerhaftes Reiten im Trabe über Bodenricks; a) zu hohe Hand, Oberkörper nach hinten verrutscht, weggedrückter Pferderücken

verhindern, daß sich das Pferd vorher zu sehr heraushebt oder auf das Gebiß legt. Denn mit hoher Nase versteift sich das Pferd über den Bodenricks nur noch mehr, verliert die Balance und kann durch Stolpern und Ausrutschen zu Verletzungen kommen. Gelingt die Beruhigung nach kurzer Zeit nicht, sind die Anforderungen wieder auf ein Cavaletti zurückzuführen.

Ein leichtes Herausheben hingegen ist, namentlich bei empfindlichen Pferden, durchweg unschädlich.

Es gibt eine Anzahl von Pferden, die ihren Kopf vor Hindernissen und Cavalettis nur deshalb aufrichten wollen, um genau zu sehen, was vor ihnen liegt. Im Sprung und über den Cavalettis nehmen sie die Nase von selbst wieder herunter und wölben den

b) im Tempo übereilt, verrutschte Unterschenkel, überm Zügel

c) gegen die Hand; Reiter trotz vorgeneigter Schulter hinter der Bewegung, verrutschte Unterschenkel

Rücken auf. Hier wäre es völlig verfehlt, wenn der Reiter sein Pferd zwingen wollte, den Kopf vor den Bodenricks nicht aufzurichten. Er würde lediglich den Widerstand herausfordern und bald das Vertrauen des Pferdes verloren haben.

Anders wiederum kann es bei Pferden mit Hals- und Ganaschenschwierigkeiten, mit empfindlichem Rücken oder Mißtrauen gegen das Gebiß sein. Diese Pferde lassen sich schon ohne Cavalettis nur mit viel Geschick an den Zügel stellen. Sie sollten zuerst auf dem Zirkel, in Volten und Schlangenlinien zum Nachgeben veranlaßt werden. Erst wenn es gelungen ist, ihnen den Weg in die Tiefe zu zeigen und das Tempo zu regulieren, können sie über Cavalettis getrabt werden. Oft beruhigt auch ein mehrmaliges Anreiten und Wiederabwenden, das Anlegen einer Volte vor den Bodenricks, Durchparieren und Abwenden oder Anhalten und Rückwärtsrichten vor dem ersten Rick. In diesen Situationen, die nur andeutungsweise aufgezählt werden können, weil jedes Pferd verschieden ist, sollte der Reiter sich selbst beweisen, daß er *Geduld* und gute Nerven hat. Ist der Kontakt zum Pferde erst einmal hergestellt und hat man es ein- bis zweimal geschickt herangebracht, ist der Erfolg nur noch eine Frage der Zeit. Der Reiter wird bald erstaunt sein, wie dankbar sein Pferd ihn belohnt. Nach einigen Ausbildungsstunden wird sich das Pferd schon normal anreiten lassen und nur noch wenig Aufregung zeigen. Die lösende Wirkung der Cavalettis wird jetzt die Schwierigkeiten um so schneller beseitigen helfen. — Tritt eine Erregung zu einem späteren Zeitpunkt auf, deutet dies regelmäßig darauf hin, daß der Reiter seine Sorgfalt vernachlässigt hat. Vielleicht hat das Pferd auch Schmerzen und fühlt sich überfordert. Dann ist die Arbeit *sofort* abzubrechen.

Die Aufgaben, die der *Reiter beim Traben* über Cavalettis zu beachten hat, sind also grundsätzlich:

1. Geradeausreiten
2. Ruhiges, aber deshalb kein bummeliges Tempo
3. Tiefe Halseinstellung mit leichter Anlehnung am langen Zügel und tiefer Hand
4. Eingehen mit dem Oberkörper in die Bewegung des Pferdes, möglichst im Leichttraben.

Zu bemerken ist noch, daß trotz des ruhigen Tempos Wert darauf gelegt werden muß, daß die Pferde nicht unterlaufen, sondern zügig und rechtzeitig abfußen. Die *Zügel* sollten eher zu lang als zu kurz sein, damit sich das Pferd auf keinen Fall eingezwängt fühlt. Jedes Pressen in eine bestimmte Haltung schafft Unruhe und Widersetzlichkeit. Häufiges Loben durch Anklopfen an den Pferdehals macht die Pferde zufrieden und willig.

Nach erfolgreichen Übungen im Arbeitstrab wird die Reitstunde entweder beendet oder mit der Ausbildung der übrigen Gangmaße

Bild 25. Zulegen über Cavalettis zum „Tritte verlängern"

85

des Trabs fortgesetzt. Der *versammelte Trab* ist schon anläßlich des Aussitzens besprochen worden (S. 79). Sein Ausdruck wird durch ruhiges, erhabenes Treten bei weniger Raumgriff und schöner Aufrichtung des Halses gewonnen. — Der *Mitteltrab* ist gekennzeichnet durch schwungvolle, längere Tritte in erweitertem Rahmen. Das Pferd soll sich strecken und Boden gewinnen. Hierzu werden die Cavalettis allmählich von 1,30 auf 1,50 m auseinander gezogen. Der Reiter trabt leicht und behält eine weiche Verbindung zum Pferdemaul. Zwei bis drei Pferdelängen vor den Ricks beschleunigt er das Tempo zum „Tritte verlängern".

Es ist wichtig, daß die Beschleunigung zu den Cavalettis hin stetig zunimmt, weil dadurch die größte Streckung erreicht werden kann. Ist das Tempo von Anfang an zu frei, besteht die Gefahr der Übereilung. Das Pferd verkrampft sich, galoppiert an oder verliert seinen Rhythmus durch plötzliches Verkürzen und wieder Zulegen vor dem ersten Rick.

Die Übung „Tritte verlängern" über Cavalettis erfordert also eine genaue *Einteilung des Tempos*. Der Reiter erwirbt ein Gefühl für die Trittlänge seines Pferdes, spürt, wann es paßt und schult auf die Dauer den Blick für die richtige Distanz. Insofern ist diese Lektion auch zugleich eine gute und sichere Hilfe für Spring- und Geländereiter.

Die größte Schwungentfaltung des *starken Trabes* ist das Ergebnis einer systematischen Ausbildung des Mitteltrabs über Cavalettis. Den starken Trab selbst reite ich ohne Bodenricks, um jedes unnötige Risiko einer Verletzung zu meiden und sicherzugehen, daß meinem Pferde die Freude an der Arbeit erhalten bleibt.

An dieser Stelle möchte ich eine Übung erwähnen, die ich mit einigen Pferden erfolgreich ausprobiert habe. Es ist die Zuhilfenahme von Bodenricks für die Passage. Freilich kann man einem Pferde über Cavalettis keine Passage beibringen, weil die Gefahr besteht, daß die Hinterbeine nach hinten herausschwingen, während sich die Passage durch ein hohes Maß an Hankenbiegung bei gesenkter Kruppe auszeichnen soll. Verstellt man die Bodenricks auf die Höhe von 35 cm, kann man aber — namentlich bei Pferden mit flachen Gängen — erreichen, daß sie im verkürzten Trabe höher abfußen, also mehr „Aktion" entwickeln. Damit ist für die Passage eine wertvolle *Vorarbeit* geleistet. Außerdem lohnt sich der Versuch, passageartig über Cavalettis zu traben, wenn es darum geht, ein mögliches Abfußen der Hinterbeine zu *korrigieren*. Hierbei muß der Abstand zwischen den Ricks eng genug sein, damit nicht so sehr die Sprunggelenke durch weites Ausholen, sondern vermehrt die Hanken in Tätigkeit gesetzt werden. Selbstverständlich ist diese Ausbildung nur für fortgeschrittene Pferde unter erfahrenen Reitern geeignet. Mir ist auch klar, daß mein Vorschlag

Bild 26. Passageartige Tritte über Cavalettis

umstritten bleiben wird. Denn die wenigen Reiter, die in der Lage sind, ihren Pferden Passage beizubringen, äußern vielfach schon Bedenken gegen die Verwendung von Cavalettis für Dressurpferde schlechthin. Als Vorbereitung und Korrektur für die Passage werden sie Bodenricks daher erst recht ablehnen. — Ich kann darauf nur erwidern, daß leider viele Dressurreiter zu sehr an das Einüben von Lektionen, wie Traversalen, Galoppwechsel, Pirouetten usw. denken und dabei Gefahr laufen, das eigentliche *Ziel der Dressur* zu vergessen, welches darin besteht, das Pferd durch systematische Gymnastizierung schöner und kräftiger zu machen und nur die natürlichen Bewegungen zu fördern. Wie häufig vermißt man beim Abreiten von Dressurpferden das Lösen mit tiefer Nase zur Entspannung des Rückens. Man wundert sich kaum noch, Pferde mit Strampelgängen zu sehen, die am Ende der Dressuraufgabe Mühe haben, einen niedrigen Gehorsamssprung zu überwinden. Hier würde es ohnehin nichts nützen, Cavalettis erst bei der Passage zu Hilfe zu nehmen. Denn wenn die Pferde in der Grundlage nicht gelernt haben, sich zwanglos zu bewegen, werden sie später beim Anblick der Cavalettis höchstens unruhig und bleiben verkrampft. Das gleiche gilt für die Reiter, die keine Grundausbildung über Cavalettis erhalten haben. Ich selbst hatte früher ebenfalls Bedenken, Cavalettis als Hilfsmittel für die Passage zu verwenden, aber lediglich deshalb, weil ich Sorge hatte, die Pferdebeine könnten darunter leiden. Die Sorge hat sich jedoch als unbegründet herausgestellt; denn ich habe nie eine derartige Verletzung beobachten können. Ich möchte allerdings einschränkend hinzufügen, daß besondere Vorsicht angebracht ist und immer wieder Pausen eingelegt werden müssen. Der Versuch lohnt sich auf jeden Fall, weil er schneller zum Ziel führt und sicherstellt, daß die Hinterbeine des Pferdes fleißig und gleichmäßig abfußen. Einzelheiten der Übung sind

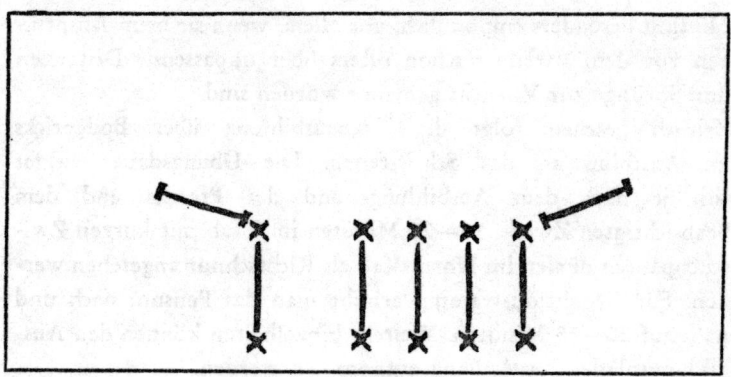

Bild 27. Cavaletti-Aufbau für Trab mit Zwischentritt

durch Geschick des Reiters von Fall zu Fall gesondert herauszufinden. Die Höchstzahl von vier hintereinanderstehenden Cavalettis sollte jedenfalls nicht überschritten werden.

Ähnlich wie im Schritt kann die Aufmerksamkeit des Pferdes durch den Aufbau von Cavalettis mit *Zwischentritt* gefördert werden. Man nimmt also wieder ein Bodenrick aus der Reihe heraus, so daß eine Leerstelle entsteht. Der Abstand entspricht mit 1,30 m dem gewöhnlichen Arbeitstempo. — Aufgabe des Reiters ist es, nunmehr durch genügendes Treiben ein gleichmäßiges Traben über die Ricks zu erzielen. Der Zwischentritt in der Mitte darf nicht kürzer werden; sonst verliert das Pferd seinen Rhythmus und kommt ins Stolpern. — Ein zusätzliches Verstellen auf die zweite Aufbauhöhe von 35 cm empfehle ich nicht, weil die Pferde dann zu leicht mißtrauisch würden und vielleicht sogar den Eindruck gewinnen könnten, man habe ihnen eine Falle vorgesetzt, um sie zum Anstoßen zu verleiten. Springpferde sind in dieser

89

Hinsicht besonders empfindlich, vor allem, wenn sie beim Abspringen vor dem Parcours schon öfters über unpassende Distanzen und Sprünge zur Vorsicht gemahnt worden sind.

Zeitlich gesehen folgt die Trabausbildung über Bodenricks im Anschluß an das Schrittreiten. Die Übungsdauer richtet sich je nach dem Ausbildungsstand des Pferdes und dem beabsichtigten Zweck. 15—20 Minuten im Trab mit kurzen Zwischenpausen dürfen im Normalfall als Richtschnur angesehen werden. Für Konditionstraining erhöht man das Pensum nach und nach auf 30—35 Minuten. Weitere Einzelheiten können den Ausbildungsplänen im Anhang entnommen werden.

Cavaletti-Arbeit im Galopp

Das Reiten über Bodenricks im Galopp ist nichts anderes als Springen über niedrige Hindernisse, die in bestimmten Abständen hintereinander aufgestellt sind. Der *Galopp* ist die schnellste Gangart des Pferdes. Je nachdem, welches seitliche Beinpaar vorgreift, unterscheidet man den Rechtsgalopp und den Linksgalopp. Der Hufschlag des Pferdes erklingt im Dreitakt. Als vierte Phase schließt sich eine kurze Pause an, die sogenannte Schwebephase, in der das Pferd mit allen vier Beinen in der Luft schwebt. Der *Bewegungsablauf des Galopps* ist also folgender:

1. äußerer Hinterfuß
2. innerer Hinterfuß und äußerer Vorderfuß
3. innerer Vorderfuß
4. Schwebephase.

Im Renngalopp fällt die zweite Phase auseinander, so daß eine Viertaktbewegung zu hören ist. Ansonsten wird der Galopp in die Gangmaße: versammelter, Arbeits-, Mittel- und starker Galopp unterteilt. Geht hierbei der Takt verloren, was häufig im falsch verkürzten Galopp zu beobachten ist, spricht man von *fehlerhaftem Viertaktgalopp*, der folgende Fußfolge hat:

1. äußerer Hinterfuß
2. innerer Hinterfuß
3. äußerer Vorderfuß
4. innerer Vorderfuß.

Der richtig ausgeführte Galopp hingegen zeichnet sich durch schwungvolles Abfußen mit deutlicher Schwebephase aus. Dadurch wird der bekannte *Galoppsprung* erzielt, der die Bewegung erst lebhaft und schön werden läßt.

Der Sprung über ein Hindernis ist lediglich ein verlängerter und erhöhter Galoppsprung. Es versteht sich daher von selbst, daß der Einsatz von Bodenricks im Galopp in erster Linie dem Spring- und Geländereiten zugute kommt. Darauf ist schon beim *Aufbau der Cavalettis* Rücksicht zu nehmen. Nach meinen Erfahrungen hat sich die Höhe von 50 cm am besten bewährt. — Die beiden unteren Höhen werden von den Pferden in der Regel nicht ernst genommen. Der Galoppsprung bleibt flach und geht nach vorwärts. Die Pferde werden nur schneller und heftiger, anstatt ruhiger und aufmerksamer, so daß ein echter Ausbildungserfolg kaum erreicht wird. — Dagegen müssen die Pferde bei einer Höhe von 50 cm schon richtig abspringen. Deshalb genügt es, wenn lediglich drei Cavalettis benutzt werden. Der Abstand beträgt etwa 3,50 m. Er

3.50 m   3.50 m

Bild 28. Cavaletti-Aufbau für Galopp; drei Ricks, Abstand 3,50 m; Höhe 0,50 m

richtet sich im übrigen nach der Größe und Mechanik des einzelnen Pferdes.

Ähnlich wie im Trabe ist die Ausbildung über Bodenricks im Galopp für Reiter *und* Pferde gleich gut geeignet. Sie soll deshalb wieder getrennt behandelt werden, damit die verschiedenen Schwerpunkte der Ausbildung besser zur Geltung kommen.

Beim *Reiter* geht es um die Vervollständigung des im Trabe bereits geübten *Entlastungssitzes.* Nach Möglichkeit soll hierfür ein Lehrpferd genommen werden. — Sofern die Bügel noch nicht verschnallt sind, werden sie um zwei bis vier Loch verkürzt. Die Ausbildung selbst wird zweckmäßig in verschiedene Abschnitte unterteilt; denn nur eine stufenweise Erhöhung der Anforderungen kann den Erfolg gewährleisten. Der schnellste und sicherste Weg zum Ziel führt stets über einen systematischen Aufbau.

Bild 29. Galoppieren im leichten Sitz

1. Phase: Vorbereitung durch Galoppieren im leichten Sitz

Die Übung „Galopp über Cavalettis" wird durch Galoppieren im leichten Sitz auf beiden Händen vorbereitet. Reiter und Pferd sollen Gelegenheit erhalten, sich im Galopp an diesen Sitz zu gewöhnen.

Der richtige Entlastungssitz will gelernt sein. Seine Beherrschung setzt sorgfältiges Üben voraus, das — besonders im Anfang — manchen Muskelkater in den Beinen und im Rücken mit sich bringt. Viele Pferde werden außerdem schon unruhig, wenn der Reiter sich zum Entlastungssitz nach vorne neigt. Es ist daher wichtig, zuerst ein paar Runden auf beiden Händen ohne Cavalettis zu galoppieren. Bei Anfängern kann es angebracht sein, einige Male während des Galoppierens an einem gedachten Punkt das für den Sprung erforderliche Einknicken in der Hüfte und Nachgeben der Zügelfäuste zu üben.

2. Phase: Galoppieren über drei Cavalettis im Abstand von 3,50 m

Sobald sich das Pferd im Arbeitstempo mit weicher Anlehnung führen läßt, folgt als erste Übung das Galoppieren über drei Cavalettis im Abstand von 3,50 m. — Der Beginn mit einem Rick ist nicht nötig, weil die Pferde vorher im Trab und Schritt schon genügend Vertrauen über Bodenricks gewonnen haben. Bei Aufstellung von nur zwei Cavalettis besteht die Gefahr, daß die Pferde versuchen, beide Ricks in einem einzigen Sprung zu überwinden, deshalb sollte hierbei stets der doppelte Abstand gewählt werden. — Die Übung mit drei Cavalettis verfolgt das Ziel, den Sitz des Reiters und sein Verhalten während des Sprunges zu schulen. Der Reiter wendet sein Pferd aus dem Arbeitsgalopp gerade gegen die Bodenricks. Er treibt nur soviel und solange, bis

das Pferd anzieht. Danach bereitet er sich in Ruhe auf das Einknicken der Hüfte und Vorgehen der Hände für den ersten Absprung vor, ohne dabei die Verbindung mit dem Pferd zu verlieren. Über den Ricks nimmt der Reiter den Springsitz ein, der
durch folgende Merkmale gekennzeichnet ist:

1. Tiefe, in Richtung Pferdemaul vorschiebende Hände
2. Eingehen in die Bewegung des Pferdes durch leichtes
   Vorneigen des Oberkörpers
3. Geschlossene, senkrecht am Pferdeleib liegende Unterschenkel mit tiefem Absatz und festanliegendem Knie.

Die Schwierigkeit der Übung besteht darin, dreimal hintereinander in die Bewegung des Pferdes beim Springen einzugehen. Da
der Absprung des Pferdes aber in gleichem Rhythmus erfolgt, kann
sich der Reiter jedesmal gut auf seine Aufgabe einstellen. Wer
dennoch befürchtet, den Absprung des Pferdes nicht mitzubekom-
men, soll zur Sicherheit in die Mähne fassen. Schon nach einigen
Ritten wird er soviel *Selbstvertrauen* gewonnen haben, daß er die
Hände loslassen kann. Dann ist das Ziel der zweiten Ausbildungs-
phase erreicht.

3. Phase: Hände in die Hüften

Die dritte Phase ist bereits eine kleine Mutprobe. Sie verlangt,
daß der Reiter die Zügel losläßt und mit den Händen in den Hüften über die Ricks galoppiert. Die Übung ist wesentlich leichter,
als man es vielleicht erwartet. Die Zügel werden verknotet und
auf den Pferdehals gelegt. Der Reiter erfaßt mit einer Hand den

Seite 95: Gymnastikspringen mit einem Cavaletti und einem Hindernis
41: Aufbau
42 und 43: Dux: Einsprung aus dem Trab und Aussprung über das
Hindernis; beide Male neigt sich die Reiterin übertrieben weit nach
vorn

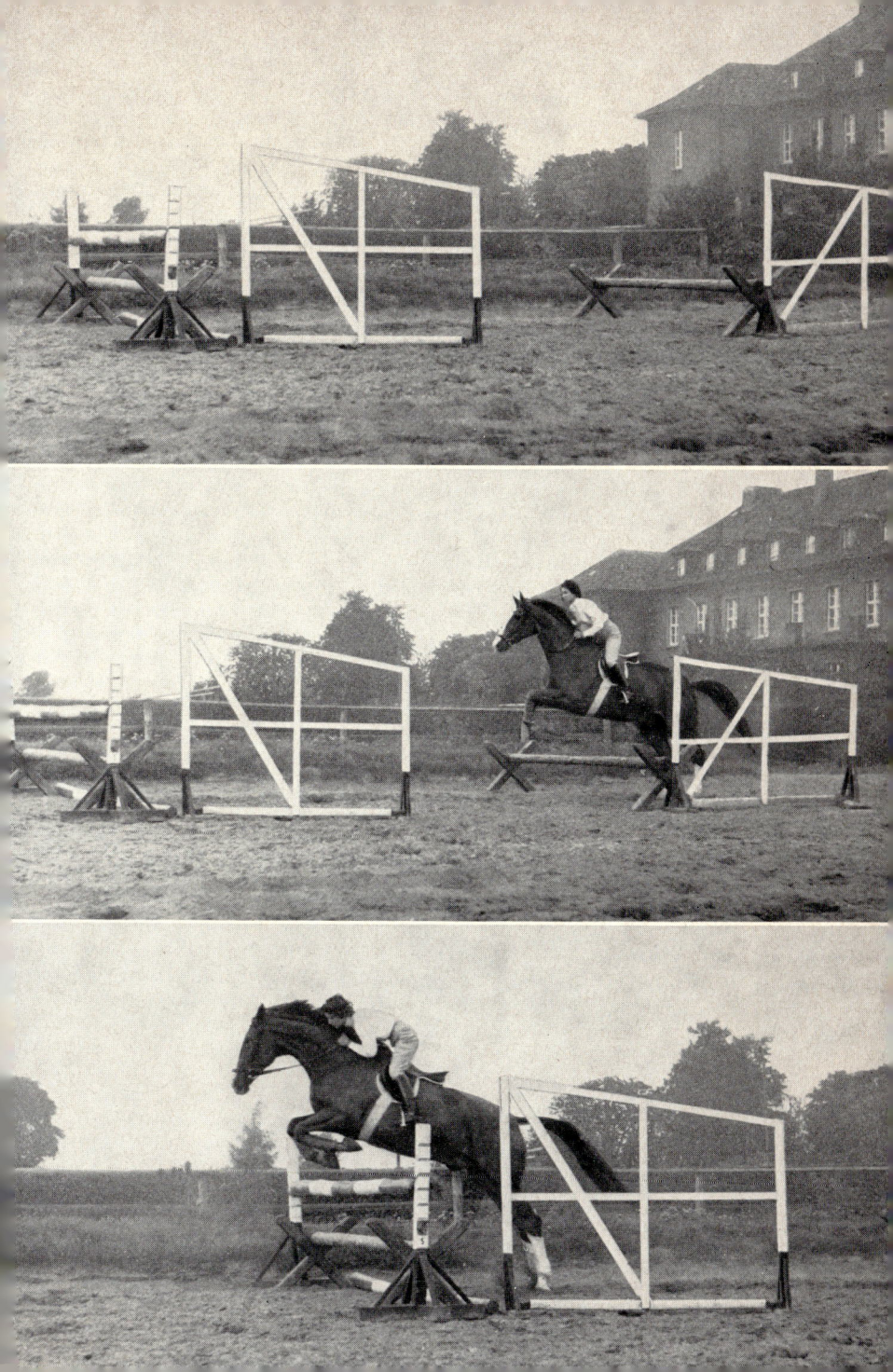

Knoten, trabt im leichten Sitz auf dem Zirkel und galoppiert zur geschlossenen Seite hin an. Selbstverständlich setzt diese Übung gerittene Lehrpferde voraus, die eher zu faul als zu heftig sind. Bleibt das Pferd nach dem Angaloppieren ruhig, läßt der Reiter es auf dem Hufschlag geradeaus galoppieren. Er nimmt die Hände in die Hüften, sobald er spürt, daß das Pferd die Bodenricks anzieht. Über den Cavalettis neigt er sich dann wie beim Springen nach vorn.

Ich habe es häufig erlebt, daß die Reiter zunächst nur zögernd bereit waren, die Hände in die Hüften zu stützen. Manche hätten sich am liebsten geweigert und folgten der Aufforderung nur deshalb, um vor den anderen Kameraden nicht als ängstlich dazustehen. Schon nach dem ersten Überwinden mit losgelassenen Zügeln waren sie meistens wie umgewandelt. Sie fühlten, daß die Übung gar nicht so schwierig war und drängten darauf, sie wiederholen zu dürfen. Die Befangenheit war bald verschwunden, und an ihre Stelle trat ein geschmeidiges Mitgehen mit der Bewegung des Pferdes. Hier wurde das russische Sprichwort Wahrheit: „Wirf dein Herz über die Mauer, dein Pferd springt ihm nach."

4. Phase: Galoppieren über Cavalettis mit veränderten Abständen

Die wachsende Sicherheit schafft die nötige Freiheit und Unabhängigkeit des Sitzes für die Einwirkung auf das Pferd. Wenn sie erzielt ist, kann durch eine weitere Übung der Blick für den pas-

---

Seite 96: Gymnastikspringen mit mehreren Cavalettis und einem Sprung
44: Aufbau
45: Dux; aufmerksames Traben über die Cavalettis; den Blick schon auf das Hindernis gerichtet

Bild 30. Hände in die Hüften

senden Absprung geschult werden. Zu diesem Zweck wird das dritte Cavaletti um weitere 3,50 m auf 7 m hinter die beiden ersten Ricks verstellt. Das Pferd muß also einen Zwischengaloppsprung einlegen, wie er häufig bei Doppelsprüngen verlangt wird. Man rechnet für einen Galoppsprung etwa 3,50 m, so daß die passende Distanz je nach Anzahl der gewünschten Galoppsprünge 3,50 m, 10,50 m, 14 m usw. beträgt. Baut man das dritte oder ein weiteres Rick in eine dieser Entfernungen auf, ist sichergestellt, daß das Pferd den richtigen Absprung findet. Der Reiter braucht daher nur dem Rhythmus der Galoppbewegung zu folgen und sich in etwa merken, wieviel Boden er mit jedem Galoppsprung gewinnt. Auf die Dauer erlangt er dadurch ein besseres *Taxiervermögen*, sofern er den Blick und die notwendige Veranlagung dafür hat. Er wird dann schon von weitem sehen, ob sein Pferd in passendem Galoppsprung das Hindernis erreichen wird oder nicht.

Für fortgeschrittene Reiter kann die Übung schließlich zusätzlich erschwert werden, indem man das dritte Rick auf 10 m verkürzt oder auf 11 m erweitert. Auf diese Weise kann sowohl das *Ausgleichen nach vorwärts* als auch das *Aufnehmen und Verkürzen* in engen Kombinationen geübt werden. — Die Arbeit über Cavalettis im Galopp ermöglicht es also, dem Reiter die gesamte Grundlage der Springausbildung zu vermitteln. Wer den Springsitz und die richtige Einteilung des Galoppsprungs über Bodenricks erlernt hat, beherrscht das Einmaleins des Springens und ist seinen übrigen Reiterkameraden um vieles voraus.

Hinsichtlich der *Übungsdauer* muß berücksichtigt werden, daß der Galoppsprung über ein 50 cm hohes Rick wesentlich mehr Kraft kostet als die entsprechende Trabarbeit. Die Übung über drei Ricks im Abstand von je 3,50 m sollte daher nicht mehr als fünf- bis sechsmal hintereinander, die Übung mit veränderten Abständen nicht mehr als acht- bis zehnmal geritten werden.

Wer sich in erster Linie der Ausbildung des *Pferdes* zuwendet, muß folgendes beachten:

Spring- und Geländepferde lernen durch die erste Übung (Abstand 3,50 m) das sogenannte *In-Out-Springen*, das in Springparcours selten, bei Geländeritten gelegentlich verlangt wird. Das sofortige Wiederabspringen nach dem Landen erfordert Kraft, Geschicklich-

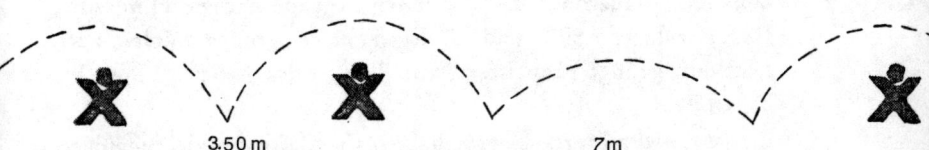

3.50 m   7 m

Bild 31. Abziehen des dritten Cavalettis auf 7 m

keit und Vertrauen. Das Pferd muß sich strecken und den Rücken aufwölben. Meistens zeigt sich im Anfang eine gewisse Furcht vor der Aufgabe, besonders wenn das zweite Hindernis nicht gut sichtbar ist. Diese Angst wird durch Galoppieren über Cavalettis beseitigt. Pferde, die im ruhigen Arbeitstempo und mit richtiger Unterstützung durch den Entlastungssitz einige Male über Bodenricks galoppiert sind, gewinnen rasch das Vertrauen, daß Ein- und Aussprünge nichts besonderes sind. Für eilige Pferde empfiehlt es sich, den Anlauf nicht zu lang zu wählen. Je länger die Anlaufgerade ist, desto heftiger ziehen die Pferde an. Das richtige Abwenden ist daher von maßgeblicher Bedeutung. Ich halte es für das beste, von Natur aus fleißige Pferde so gegen die Cavalettis zu reiten, daß sie vor dem ersten Rick nur zwei bis drei Galoppsprünge geradeaus haben. Faule Pferde hingegen müssen besonders die ersten Male energisch genug getrieben werden, damit sie nicht verweigern.

Die Übung mit veränderten Abständen hat sich bewährt, wenn ein *Heftigwerden nach dem Sprung* zu bekämpfen ist. Viele junge Pferde sind zwar vor dem Hindernis noch ruhig zu halten. Sie nutzen jedoch die Freiheit während des Sprungs aus, um nach dem Landen das Tempo plötzlich zu beschleunigen. Der natürliche Vorwärtstrieb, der die Pferde zur Flucht vor einer Gefahr beflügelt, spielt hierbei vielleicht eine Rolle. Ihm kann man begegnen, wenn man ein drittes oder viertes Cavaletti im Abstand von jeweils 7 m oder 10,50 m aufstellen läßt. Die Pferde bleiben dann aufmerksam und schauen auf das vor ihnen liegende nächste Hindernis. Durch ruhigen Sitz und Anlegen einer großen Volte zum Abschluß gelingt es meistens, das Tempo des Arbeitsgalopps zu halten.

Erst wenn die Pferde gelernt haben, Cavalettis im gleichmäßigen Arbeitsgalopp zu überwinden, kann zum Abschluß das *Erweitern* der Abstände und damit früheres Abspringen, oder das *Verkürzen* und folglich steile Abdrücken geübt werden. Ein größerer Erfolg wird insofern allerdings durch das Gymnastikspringen erzielt, das noch im einzelnen erörtert wird.

Der Ausbildungswert der Arbeit mit Cavalettis im Galopp ist für *Dressurpferde* zu gering, als daß sich die Mühe lohnen würde. Vom Ausgangspunkt her gesehen, daß nämlich der Sprung über ein Rick lediglich ein verlängerter und erhöhter Galoppsprung ist, könnte man meinen, das Reiten über Bodenricks im Galopp sei ein gutes Mittel zur Förderung des Galoppsprungs. Diese Vorstellung ist jedoch irrig. Im Dressurgalopp soll die Vorhand des Pferdes vorwärts aufwärts und die Hinterhand bei gesenkter Kruppe fleißig unterspringen. Beim Springen über Bodenricks wird die Hinterhand aber ebenfalls hochgeschleudert. Die Galoppbewegung ist also anders, als sie der Dressurreiter im Auge hat. Für die Ausbildung des Galopps kann der Dressurreiter daher auf Bodenricks verzichten. Im übrigen genügt für diesen Zweig der Reiterei die Arbeit mit Cavalettis im Trab und Schritt. Wer zur Abwechslung springen will, sollte sich einzelne Sprünge aussuchen.

Es sei zur Vervollständigung erwähnt, daß die Arbeit mit Bodenricks im *Galopp zeitlich gesehen* an den Schluß der Ausbildungsstunde gehört, sofern sie nicht nur als Vorbereitung für Gymnastikspringen erfolgt. Selbst in diesem Falle darf mit der Arbeit erst begonnen werden, wenn das Pferd vorher in allen drei Gangarten gründlich gelöst worden ist. Als Konditionstraining ist Galoppieren über Bodenricks deshalb nicht geeignet, weil der Kraftaufwand zu groß ist. Über die Einbeziehung der Arbeit in das gesamte Ausbildungsprogramm geben die Pläne im Anhang weitere Auskünfte.

FÜNFTES KAPITEL

Cavaletti-Arbeit
auf gebogenen Linien

Der Einsatz von Bodenricks auf gebogenen Linien ist für den jungen Reiter eine willkommene Abwechslung. Für das Pferd setzt diese Arbeit voraus, daß es vorher über Cavalettis auf geraden Linien gründlich ausgebildet worden ist. Pferde, die noch nicht gerade gerichtet sind, werden in den Wendungen Schwierigkeiten haben, sich auszubalancieren. Das kann man beispielsweise bei jungen Pferden beobachten, die im Galopp durch die Ecken des Reitbahnvierecks gehen sollen. Um sich in Wendungen und auf engem Raume mit Leichtigkeit bewegen zu können, muß das Pferd erst gelernt haben, mit seinen Hinterfüßen genau der Spur der Vorderhufe zu folgen. Diese Fähigkeit ist es, die dem Pferd auch auf gebogenen Linien den nötigen Halt verschafft. Das Pferd soll in allen Wendungen zwar nach innen gestellt, aber stets in sich gerade gerichtet sein.

Wer also einseitige Steifheiten des Pferdes im Hals und Genick, in den Rippen oder in den Hinterbeinen bearbeiten will, muß darauf achten, ein seitliches Ausweichen auf zwei Hufschläge zu verhindern. Pferde, die sich auf diese Art und Weise entziehen, verlieren bald ihren Schwung und neigen zu Undurchlässigkeit und Schiefe. Hier hilft zur Korrektur die Verwendung von Cavalettis auf gebogenen Linien. Während des Tretens über Bodenricks hat das Pferd kaum Gelegenheit, mit den Hinterbeinen seitlich auszu-

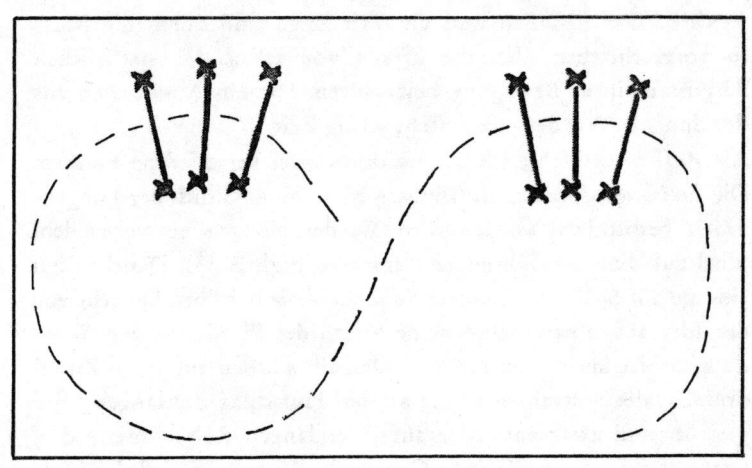

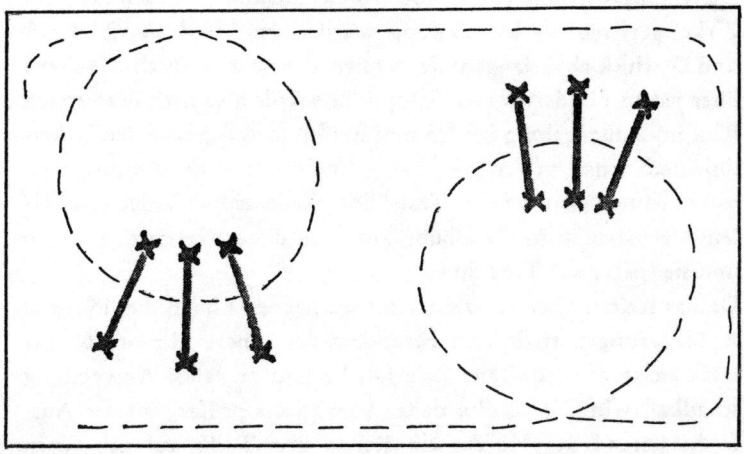

Bild 32 a und b. Cavaletti-Aufbau auf gebogenen Linien: Schlangenlinie

weichen. Das Abfußen und die Trittlänge sind durch die Ricks so vorgeschrieben, daß die Pferde von selbst den natürlichen Rhythmus ihrer Bewegung beibehalten. Für ein Ausweichen aus der Spur der Vorderhufe besteht wenig Zeit.

Als *Aufbau* empfehle ich hauptsächlich zwei verschiedene Formen. Die *kreisbogenförmige Aufstellung* ist schon anläßlich der Longenarbeit besprochen worden. Um Wiederholungen zu vermeiden, wird auf diese Ausführungen verwiesen (vgl. S. 38). Daneben hat sich die auf S. 103 abgebildete *Schlangenlinie* bewährt. Sie geht von der Idee aus, abwechselnd beide Seiten des Pferdes in den Wendungen geschmeidig zu machen. Deshalb werden auf jeden Zirkel drei Cavalettis strahlenförmig an den Hufschlag der langen Seite gestellt, und zwar entweder auf jeder langen Reitbahnseite drei oder auf einer Seite alle sechs Cavalettis. Wichtig ist, daß der Hufschlag frei bleibt, damit man auch außen herum auf der ganzen Bahn reiten kann.

Die Übung wird im *Trabe* durch fortwährendes Wechseln aus dem Zirkel geritten. — Der Galopp würde dem Pferd zu viel Kraft und Geschick abverlangen; denn normalerweise wechselt das Pferd über jedem Hindernis den Galopp. Es würde also nach dem ersten Rick im Außengalopp landen und müßte trotzdem auf der Zirkellinie nach innen weiterspringen. — Im Schritt ist der Ausbildungswert nicht so groß wie im Trab; doch kann es in schwierigen Fällen angebracht sein, die Übung zuerst in dieser Gangart zu reiten und sie später auf Trab zu steigern.

Da das Reiten über Cavalettis auf gebogenen Linien die höchsten Anforderungen stellt und besonders der innere Hinterfuß sehr stark belastet wird, kann jede falsche und zu lange Anwendung schadhaft sein. Man sollte daher vorab stets prüfen, ob der Ausbildungsstand des Pferdes ein Reiten über Ricks auf gebogenen Linien schon zuläßt. Ist diese Frage ehrlichen Herzens zu bejahen, schlage ich für die Übung selbst wieder die Einteilung in verschiedene Phasen vor.

1. Phase: Lösende Übungen

Die *erste Phase* dient der Vorbereitung. Sie besteht aus lösenden Übungen in allen drei Grundgangarten und einigen Trablektionen über Bodenricks auf geraden Linien. Danach folgt eine kurze Pause, in der die Cavalettis für den Zirkel oder die Schlangenlinie umgebaut werden. Um diesen Umbau zu vermeiden, können die Ricks auch von vornherein so gestellt werden, daß drei auf der offenen Zirkelseite und drei auf der Geraden neben dem Hufschlag an der langen Seite stehen. Auf die Dauer wird jeder Reiter sich ohnehin seinen eigenen Aufbau wählen, so daß hier nur Anregungen gegeben werden sollen.

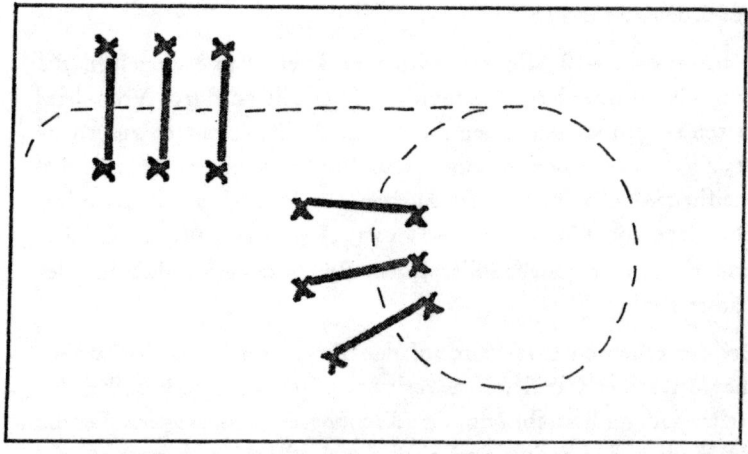

Bild 33. Cavaletti-Aufbau für Zirkel und Gerade

2. Phase: Arbeit auf gebogenen Linien

Die *zweite Phase* ist der eigentlichen Arbeit auf gebogenen Linien vorbehalten. Sie darf nicht zu lange ausgedehnt werden und erfordert ein gutes Maß an reiterlichem Feingefühl. Der Reiter trabt leicht und stellt sein Pferd im Arbeitstempo auf die Zirkellinie ein. Kurz vor den Cavalettis schiebt er die Hände ein wenig vor und achtet darauf, genau die Mitte der Bodenricks anzureiten. Geht das Pferd auf die Hilfen des Reiters ein, wird in der nächsten Runde der Zirkel gewechselt, damit die gleiche Übung auf der anderen Hand geritten werden kann. Wer nur auf einem Zirkel Bodenricks aufgestellt hat, reitet die Figur „Durch den Zirkel wechseln" und kommt dadurch auf die andere Hand. Die steife Seite wird selbstverständlich öfter bearbeitet; doch hat die Erfahrung gelehrt, daß ein gelegentlicher Handwechsel auch der steifen Seite zugute kommt, sei es auch nur, um die Gedanken von der schwierigen Seite wegzulenken und das Pferd wieder willig und zufrieden zu machen.

Nach etwa 5—10 Minuten wird eine kurze Pause eingelegt, die zum Geradeausreiten bestimmt ist. Hier gilt es, durch Vorwärtsreiten an den langen Seiten die Frische der Bewegungen zu erneuern. Vorwärtsreiten ist immer am Platze, wenn es darum geht, Steifheiten oder Widersetzlichkeiten des Pferdes zu überwinden. Der Satz von GUSTAV STEINBRECHT „Reite dein Pferd vorwärts und richte es gerade", sollte jedem Reiter unauslöschlich im Gedächtnis sein.

Bei der erneuten Rückkehr auf den Zirkel wird zunächst wieder die Mitte der Cavalettis angeritten. Nach und nach sollte der Reiter sodann bestrebt sein, den *Kreisbogen zu vergrößern*. Da die Abstände außen breiter sind, muß sich das Pferd noch mehr durchstrecken. Der innere Hinterfuß wird zu einem Höchstmaß an kräftigem Abfußen angespornt und gleichzeitig zur vermehrten Gewichtsaufnahme veranlaßt. Hier ist fast die Grenze zwischen dem muskelbildenden Training und dem durch Überlastung bedingten Verschleiß erreicht. Deshalb darf das Vergrößern des Zirkels lediglich einige Male auf jeder Hand geritten werden.

3. Phase: Der gute Abschluß

Die *dritte Phase* soll sicherstellen, daß die Arbeit langsam ausklingt. Das Pferd soll zufrieden und ruhig in den Stall zurückkehren, damit es am nächsten Tage um so freudiger mit der Arbeit beginnt. Aus diesem Grunde empfiehlt es sich, am Ende der Reitstunde einige einfache Übungen zu reiten, von denen man weiß, daß das Pferd sie beherrscht. Ein guter Abschluß ist für den nächsten Tag schon ein halber Sieg. Daher lohnt es sich, im Anschluß an die Arbeit auf gebogenen Linien noch einige Male geradeaus über Bodenricks zu traben und dabei die Zügel zum Schluß aus der Hand kauen zu lassen.

Für die Schulung des *Reitersitzes* ist die Arbeit mit Cavalettis auf gebogenen Linien nicht unbedingt erforderlich. Sie schafft aber Freude und Abwechslung, vor allem bei jugendlichen Reitern. Für sie kann man gar nicht genug verschiedene Aufbaumöglichkeiten ausdenken. Jeder nur halbwegs vernünftige Vorschlag wird von ihnen erprobt, bis er beherrscht wird und die Jugendlichen sich wieder nach etwas Neuem sehnen. Hier sei an die Verantwortung der Reitlehrer erinnert, den jungen Reitern nur solche Aufgaben zu stellen, die für die Ausbildung sinnvoll sind. Sinnvoll ist letztlich alles, was die *Freude am Reiten* vermehrt, den Sitz festigt und Reiter und Pferde nicht unnötig in Gefahr bringt.

SECHSTES KAPITEL

Gymnastikspringen

Unter Gymnastikspringen verstehe ich die Ausbildung von Reitern und Pferden im Springen mit Hilfe von Cavalettis und Hindernissen. Die Bodenricks haben in diesem Zusammenhang die Funktion, den Absprung des Pferdes festzulegen. Es handelt sich um ein Spezialgebiet der Reiterei, das aber deshalb noch in den Bereich der Cavaletti-Arbeit fällt, weil die Verwendung der Bodenricks dieser Springausbildung erst ihr besonderes Gepräge gibt. Sie soll daher auch im Rahmen dieser Arbeit abschließend mit erörtert werden.

Die Grundform des Gymnastikspringens ergibt sich aus dem untenstehenden *Aufbau.* Im Abstand von etwa 5,50 m wird hinter einem 50 cm hohen Rick ein Hindernis aufgebaut, dessen Anfangshöhe ca. 80 bis 100 cm betragen sollte. Die Übung wird aus-

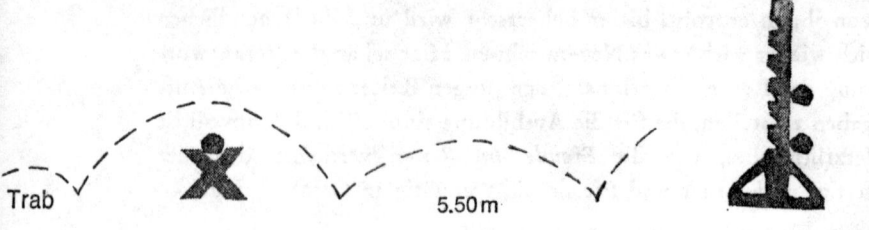

Trab   5.50 m

Bild 34. Grundform des Gymnastikspringens: 50 cm hohes Rick mit Hindernis in 5,50 m Abstand

108

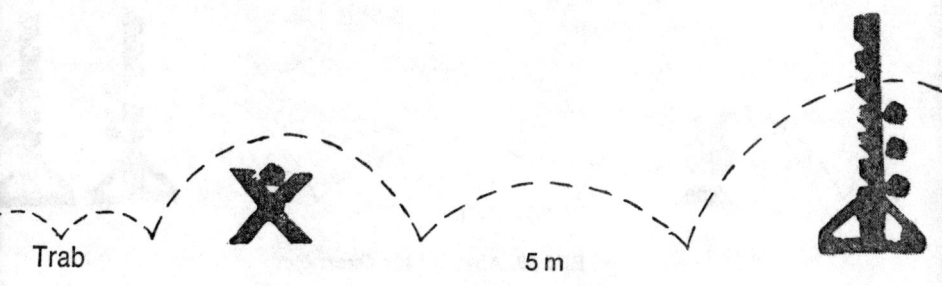

Trab   5 m

Bild 35. Abstand für Steilsprung: 5 m

geführt, indem der Reiter im Trabe gegen das Cavaletti reitet, das Pferd den ersten Galoppsprung über dieses Rick machen läßt und dann im Galopp das folgende Hindernis springt. Auf diesen *Bewegungsablauf* ist der Aufbau ausgerichtet. Das Anreiten erfolgt im Trabe, um das Pferd in aller Ruhe an die Aufgabe heranzuführen. Die Höhe des Ricks ist bewußt mit 50 cm gewählt, damit das Pferd auch abspringt und nicht etwa über das Cavaletti trabt; denn nur wenn das Pferd springt und weitergaloppiert, kommt es passend an das Hindernis heran. Würde der Reiter schon gegen das Bodenrick im Galopp anreiten, müßte der Abstand entweder 3,50 m oder 7 m betragen, weil man für jeden Galoppsprung bekanntlich 3,50 m rechnet. Das Hindernis selbst sollte im Anfang möglichst einladend gebaut werden. Ein schräger Hochweitsprung dürfte sich am besten eignen.

Der Nutzen dieser Übung besteht für den *Reiter* einmal darin, den Springsitz weiter zu vervollkommnen. Der Reiter hatte Gelegenheit, den leichten Sitz zunächst im Trabe und dann im Galopp über Cavalettis zu festigen. Beim Gymnastikspringen kann er auch höhere Sprünge üben. Die Ausmaße des Hindernisses können nach und nach beliebig verändert werden. Für den Steilsprung

109

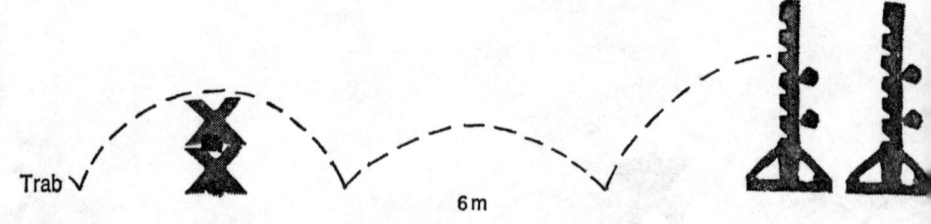

Trab

6 m

Bild 36. Abstand für Oxer: 6 m

empfehle ich, den Abstand etwa bis auf 5 m zu verkürzen. Eine entsprechende Erweiterung bis zu 6 m ist angebracht, wenn ein Oxer oder ein schräger Hochweitsprung aufgebaut werden soll. Über beide Arten von Hindernissen kann der Reiter seinen Sitz weiter schulen. Er hat wie beim Galoppieren über Bodenricks den Vorteil, genau zu wissen, daß der Absprung paßt. Darüberhinaus erhält er abermals die Möglichkeit, seinen Blick für die richtige Distanz zu schärfen und sich ein sicheres Gefühl für den passenden Absprung anzueignen. Zu diesem Zweck kann das Bodenrick um jeweils 3,50 m auf 9 m, 12,50 m oder 16 m vor das Hindernis abgezogen werden. Der Reiter kann dann schon von weitem sicher taxieren lernen.

Das *Pferd* erlangt durch Gymnastikspringen in erster Linie Vertrauen zum eigenen Springvermögen. Über Einzelsprünge ist es darauf angewiesen, vom Reiter richtig an das Hindernis herangebracht zu werden. Gelingt dies einige Male nicht, wird es — namentlich bei höheren Sprüngen — meistens unsicher. Diese Unsicherheit ist durch Gymnastikspringen weitgehend ausgeschaltet. Hier braucht der Reiter lediglich zu verhindern, daß das Pferd bereits vor dem Bodenrick angaloppiert.

Trotzdem gibt es hier einige typische *Fehler*, die zu vermeiden sind. Der schwerste Fehler ist das Angaloppieren vor dem Boden-

110

rick, weil der Abstand eben auf Trab ausgerichtet ist. Das Pferd muß sicher an den Hilfen des Reiters stehen und sich willig im Trabe anreiten lassen. Zur Vorbereitung ist daher ein gründliches Abreiten erforderlich. Heftige Pferde benötigen eine längere Vorbereitungszeit, ehe die Übung beginnen kann. Sie werden am besten aus einer Volte in zwei bis drei Pferdelängen Entfernung gegen das Rick gewendet. Der Reiter trabt leicht und wählt als Tempo den Arbeitstrab. — Im Aussitzen würde die Gefahr bestehen, daß der Reiter beim Sprung über das Cavaletti hinter die Bewegung gerät und dann auch den Absprung über das Hindernis nicht mehr richtig mitbekommt. Im übrigen sollte das Anreiten so frisch erfolgen, daß der Reiter zwischen dem Bodenrick und dem Hindernis nicht mehr stark treiben muß; denn dann bestünde erneut die Gefahr, beim Absprung hinter die Bewegung des Pferdes zu kommen. Der richtige Springsitz ist also auch hier entscheidend.

Nach zwei- bis dreimaliger guter Ausführung kann das Hindernis erhöht und verbreitert werden. Das Verbreitern erfolgt durch Abziehen der hinteren Stange, damit der Abstand zum Cavaletti erhalten bleibt.

Für jede Ausbildungsstunde ist ein *bestimmtes Ziel* anzustreben, sei es, daß man Steilsprünge übt oder Hochweitsprünge oder Oxer mit gleichhohen Abmessungen an beiden Seiten. Manche Pferde neigen zum Unterlaufen und müssen daher im Hochweitspringen geschult werden. Andere hingegen neigen zum frühen Abspringen und haben Schwierigkeiten, sich aufzunehmen. Für sie dürften enge Abstände richtig sein. — Wer das Springvermögen seines Pferdes erproben will, kann bedenkenlos das Gymnastikspringen verwenden, weil dort das Anreiten am leichtesten ist. Insgesamt sollten jedoch nicht mehr als zehn bis fünfzehn Übungen verlangt werden, damit die Pferde vor Überanstrengung bewahrt bleiben. Als *Abschlußübung* halte ich es für richtig, das Cavaletti zu entfernen und zwei- bis dreimal über das *Einzelhindernis* zu springen. Das Ergebnis soll zeigen, was Reiter und Pferd durch die vorangegangene Arbeit hinzugelernt haben.

Der Aufbau mit einem Cavaletti und einem Hindernis (Bild 34) kann für die weitere Springausbildung auf verschiedene Weise verändert werden. Zum Training von Doppelsprüngen und dreifachen Kombinationen braucht man nur zusätzliche Sprünge in dem entsprechenden Galoppabstand hinter das Hindernis zu stellen. — Davon soll jedoch hier nicht die Rede sein, weil damit zu sehr das Gebiet der Springausbildung angeschnitten würde, das eine Abhandlung für sich verdient hat. — Der grundsätzliche Aufbau für Gymnastikspringen kann aber auch dadurch verändert werden, daß *mehrere Cavalettis* vor oder hinter ein Hindernis gestellt werden. Dieser Teil des Gymnastikspringens gehört noch zur Cavaletti-Arbeit und soll daher mit erörtert werden.

Die Aufstellung mehrerer *Bodenricks vor* dem Hindernis nach der untenstehenden Abbildung hat sich vor allem für Pferde bewährt, die versuchen, schon vor dem Bodenrick anzugaloppieren. Man setzt etwa vier Cavalettis in der niedrigsten Höhe von 15—20 cm für Trab hintereinander und läßt im Abstand von etwa 4 m hinter dem letzten Rick das Hindernis folgen. Die Übung ist von

 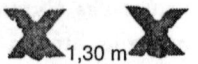—1,30 m— 4 m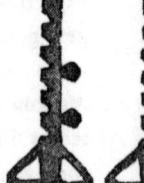

Bild 37. Vier Cavalettis mit anschließendem Hindernis im Abstand von etwa 4 m

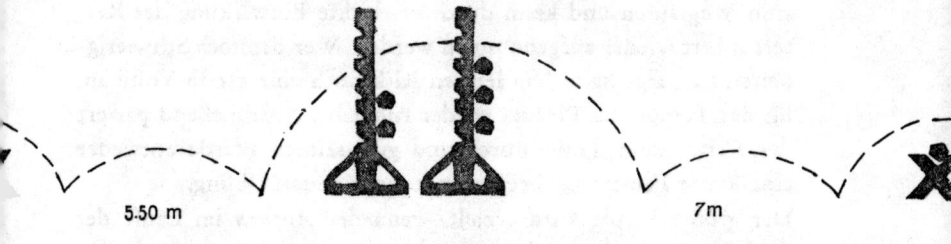

5.50 m   7m

Bild 38. Grundform des Gymnastikspringens ergänzt durch Bodenricks nach dem Hindernis

der Grundform insofern verschieden, als sie ein *Durchtraben* verlangt und es dem Pferde nach dem letzten Rick überläßt, ob es
das Hindernis aus dem Trab oder Galopp springen will. Das
Anreiten erfolgt im Leichttraben. Der enge Abstand der Bodenricks von etwa 1,30 m soll das Pferd veranlassen, den Trab beizubehalten. Das Hindernis wird nicht hoch gebaut, weil das Pferd
keine Möglichkeit hat, viel Schwung zu holen. Daher hat sich zum
Training über größere Sprünge der Aufbau mit einem Bodenrick
besser bewährt. Mehrere Cavalettis empfehlen sich nur, wenn
man das Pferd einerseits beruhigen und es zum anderen mit aufgewölbtem Rücken springen lassen will. Ansonsten halte ich die
Grundform mit einem Rick vor dem Hindernis für günstiger.

Für Pferde, die dazu neigen, nach dem Hindernis heftig zu werden, kann der Grundaufbau mit einem Cavaletti und einem Hindernis noch auf folgende Weise ergänzt werden: Man stellt ein
zweites oder auch drittes *Bodenrick hinter* das Hindernis, und zwar
im Abstand von ca. 3,50 m, 7 m oder 10,50 m. Dadurch wird die
Aufmerksamkeit des Pferdes auf dieses Rick gelenkt. Schon im
Sprung über das Hindernis geht der Blick des Pferdes nach unten
auf die noch vor ihm stehenden Cavalettis. Unwillkürlich wölbt
das Pferd damit zugleich den Rücken auf. Es findet keine Zeit

zum Weglaufen und kann durch geschickte Einwirkung des Reiters sofort wieder aufgenommen werden. Wer dennoch Schwierigkeiten hat, legt nach dem letzten Rick noch eine große Volte an, bis das Tempo des Pferdes wieder ruhig ist. Anschließend pariert der Reiter zum Trabe durch und gibt seinem Pferde entweder eine kurze Pause oder beginnt mit einer neuen Übung.

Der größte Erfolg wird erzielt, wenn der *Aufbau* im Laufe der Ausbildungsstunde *möglichst oft verändert* wird. Jedes Versetzen der Bodenricks und jedes Verstellen der Hindernisteile regt die Aufmerksamkeit des Pferdes neu an, erzieht auf die Dauer zur selbständigen Mitarbeit und fördert die Geschicklichkeit von Reiter und Pferd. Unentbehrlich ist hierbei die Unterstützung durch eine *Hilfsperson,* die rasch und möglichst unauffällig den Umbau vornimmt. Auch sollte man sich nicht scheuen, sie häufig zu befragen, wie die Manier des Pferdes oder der Sitz des Reiters gewesen sei, selbst wenn es sich um jemanden handelt, der nicht die Qualifikation eines Springlehrers hat. Damit sind vor allem diejenigen Reiter angesprochen, die auf sich gestellt sind und keinen ständigen Ausbilder haben.

Auf dieser Stufe der Ausbildung muß im übrigen jeder selbst herausfinden, wie oft und wie hoch er springt und in welchem Abstand er die Bodenricks zum Hindernis anordnet. Als *Grundregel* sei festgehalten, daß der Weg zur Leistungssteigerung nur über den richtigen Aufbau führt. Jede Ausbildungsstunde sollte mit einfachen Übungen anfangen und mit einer möglichst guten Ausführung aufhören. Es gelingt natürlich nicht immer, diese Höchstleistung am Ende zu bringen. Oft mißlingt gerade die Übung, mit der man beabsichtigt hatte, Schluß zu machen, und selbst die Wiederholung bleibt ohne Erfolg. Ehe man sich mit dem Pferde verzankt, sollte man lieber zu einer leichteren Übung zurückkehren, damit das Pferd zufrieden in den Stall geht. Am

114

nächsten Tag ist die Schwierigkeit meistens überwunden, und der Reiter hat ohne Kampf das erreicht, worum er am Tage vorher wahrscheinlich noch lange vergeblich gerungen hätte. Man sollte daher nicht zu kleinlich sein mit dem Entschluß, nach einer gut gelungenen Lektion keine höheren Anforderungen mehr zu stellen. Der Erfolg wird nicht ausbleiben, auch wenn man als junger Reiter anfangs nicht daran glauben will.

Anhang

Den **Ausbildungsplänen** sei vorausgeschickt, daß sie im Grunde genommen nichts anderes sind als Anregungen für ein zusammenhängendes Training. Sie sollen keine fertige Gebrauchsanweisung darstellen, zumal sie sich nur auf ein Teilstück der Ausbildung, nämlich auf die Arbeit mit Cavalettis, beziehen und alles weitere lediglich am Rande miterwähnt wird. Letztlich entscheidet immer die individuelle Veranlagung über das, was im Einzelfall verlangt werden kann.

Trotzdem gibt es einige Grundsätze, die von allen beachtet werden müssen, falls die Ausbildung Erfolg haben soll. Sie sind es, worauf die folgenden Pläne hauptsächlich aufgebaut sind und die dem Reiter Anhaltspunkte für ein systematisches Vorgehen vermitteln sollen.

Ich gehe davon aus, daß ein Großteil der Reiter zwischen Sommer- und Wintertraining unterscheidet. Im Sommer reiten viele Reiter auf Turnieren und im Gelände spazieren, während die eigentliche Ausbildung mehr in den Wintermonaten stattfindet. Für diese Monate sind die Pläne in erster Linie gedacht. Sie umfassen einen Zeitraum von jeweils vier bis sechs Wochen.

Für die einzelne Reitstunde sei hinzugefügt, daß es auch hier Gesetzmäßigkeiten gibt, auf die der Reiter Rücksicht zu nehmen hat. Jede Ausbildungsstunde soll aus drei Abschnitten bestehen: dem Lösen, dem Trockenreiten und dem dazwischenliegenden Üben von Lektionen. Das Lösen vor der Cavaletti-Arbeit dauert normalerweise 5—15 Minuten. Die genaue Länge richtet sich nach der Gehlust, dem Gebäude, Alter, Temperament und Gerittensein des Pferdes. Das Trockenreiten im Schritt am möglichst hingegebenen Zügel dient gleichzeitig zur Beruhigung der Nerven und soll die zufriedene Rückkehr des Pferdes in den Stall gewährleisten. Seine Dauer kann mit 5–10 Minuten angegeben werden.

In den mittleren Teil der Stunde gehört die Arbeit mit Cavalettis.

Vier- bis Sechs-Wochenplan für die Grundausbildung

(Pferde im zweiten Ausbildungsjahr)

Die Grundausbildung eines Reitpferdes soll so umfassend sein, daß sie alle Zweige der Reiterei mitberücksichtigt. Sie erstreckt sich deshalb auf alle Anforderungen, die im Rahmen einer Eignungsprüfung auf Turnieren gestellt werden. Man hüte sich vor zu früher Spezialisierung und bedenke, daß der Weg zur Spitzenleistung am einfachsten und sichersten über eine möglichst vielseitige Grundausbildung führt.

ERSTE WOCHE:

> *Leitgedanke:* Gewöhnung an die Arbeit mit Bodenricks im Schritt und Trab

Montag: Ruhetag.

Dienstag:

1 Mit Cavaletti-Arbeit ohne Reiter anfangen, Dauer der Arbeit etwa eine halbe Stunde,

a freilaufend oder:	b an der Longe
bestehend aus	
Phase 1 und 2	Phase 1 und 2
(vgl. Seite 27 bis 30):	(vgl. Seite 39 bis 42):
15 Minuten	15 Minuten
Phase 3	Phase 3
(vgl. Seite 30 bis 32):	(vgl. Seite 42 bis 44):
15 Minuten	15 Minuten

2 Anschließend etwa 10 Minuten Reiten über Cavalettis im Schritt (vgl. Seite 58).

118

3 Zum Schluß noch ein wenig Dressur und dann Trokkenreiten.

Mittwoch:
1 Etwa eine Viertelstunde lösen Im Schritt, Trab und Galopp auf beiden Händen.
2 Danach ca. 20 Minuten Cavaletti-Arbeit unter dem Reiter auf geraden Linien, zuerst im Schritt, beginnend mit einem Rick (vgl. Seite 58), dann im Trab (vgl. Seite 72 bis 90), dazwischen 5 Minuten Pause.
3 Einige Dressurlektionen und Trockenreiten.

Donnerstag: Keine Cavaletti-Arbeit; entweder (je nach Wetter) im Gelände spazieren reiten oder eine Stunde Dressur mit möglichst wenig Anstrengung für das Pferd.

Freitag:
1 5–10 Minuten lösen.
2 Eine knappe halbe Stunde Cavaletti-Arbeit unter dem Reiter auf geraden Linien zuerst im Schritt, mit Erweitern der Abstände für Mittelschritt (vgl. Seite 59 bis 63), danach im Trab, gegen Ende über vergrößerte Abstände (vgl. Seite 86), dazwischen 5 Minuten Pause.
3 Einige Dressurlektionen im Galopp und Trockenreiten.

Samstag: Wie Donnerstag.

Sonntag: Entweder: (je nach Wetter) Geländereiten mit Springen über kleine natürliche Hindernisse, klettern, ruhiges Galoppieren auf ebenem Boden,

oder:
In der Reitbahn: Lösen; einige Dressurlektionen zur Verbesserung der Durchlässigkeit; danach Galoppieren im leichten Sitz auf beiden Händen; anschließend einige Sprünge aus dem Trab und Galopp.

ZWEITE WOCHE:

Leitgedanke: Festigung des in der ersten Woche Gelernten

Montag: Ruhetag.

Dienstag:
1 Eine gute Viertelstunde lösen, dabei ab und zu im Schritt am hingegebenen Zügel über Cavalettis auf geraden Linien.
2 Etwa 20 Minuten im Schritt und Trab über Cavalettis auf geraden Linien; soweit möglich, gleich mit mehreren Cavalettis beginnen.
3 Einige Dressurlektionen im Galopp und Trockenreiten.

Mittwoch: Wie Donnerstag der ersten Woche.

Donnerstag:
1 Etwa eine Viertelstunde lösen.
2 Eine knappe halbe Stunde Cavaletti-Arbeit unter dem Reiter auf geraden Linien im Schritt und Trab, mit Zwischentritt (vgl. Seite 88) und mit erweiterten Abständen (vgl. Seite 86); zwischendurch je eine Pause von knapp 5 Minuten.
3 Ein wenig Dressur und Trockenreiten.

Freitag: Wie Donnerstag der ersten Woche.

Samstag: entweder
1 Freispringen oder Cava- oder
letti-Arbeit ohne Reiter, wie Donnerstag der zwei-
freilaufend oder an der ten Woche.
Longe,
2 Dressur.
3 Trockenreiten.

Sonntag: Wie Sonntag der ersten Woche oder wie Donnerstag der zweiten Woche.

DRITTE WOCHE:

> *Leitgedanke:* Gewöhnung an die Arbeit mit Bodenricks im Galopp und Gymnastikspringen

Montag: Ruhetag.
Dienstag: Wie Dienstag der zweiten Woche.

Mittwoch:
1 Etwa eine Viertelstunde lösen.
2 Eine knappe Viertelstunde Cavaletti-Arbeit im Trab auf geraden Linien.
3 Etwa 10 Minuten galoppieren im leichten Sitz auf beiden Händen, dabei einige Male über Bodenricks (vgl. Seite 93 bis 97).
4 Trockenreiten.
Donnerstag: Wie Donnerstag der ersten Woche.
Freitag:
1 Etwa eine Viertelstunde lösen.
2 Einige Dressurlektionen zur Verbesserung der Durchlässigkeit.
3 Gymnastikspringen mit einem Cavaletti und einem Hindernis (vgl. Seite 109 bis 112).
4 Trockenreiten.
Samstag: Wie Donnerstag der ersten Woche.
Sonntag:
1 Etwa eine Viertelstunde lösen, dabei ab und zu im Schritt am hingegebenen Zügel über Cavalettis auf geraden Linien.
2 Etwa 10 Minuten galoppieren im leichten Sitz auf beiden Händen.
3 Gymnastikspringen mit häufiger Veränderung des Aufbaus.
4 Trockenreiten.

VIERTE WOCHE:

Leitgedanke: Festigung des in der dritten Woche Gelernten

Montag: Ruhetag.
Dienstag: Keine Cavaletti-Arbeit; Dressurreiten mit längerem Lösen.
Mittwoch: Wie Mittwoch oder Freitag der dritten Woche.
Donnerstag: Wie Dienstag.

Freitag:
1 Etwa eine Viertelstunde lösen, dabei ab und zu im Schritt am hingegebenen Zügel über Cavalettis auf geraden Linien.
2 Etwa 10 Minuten Galoppieren im leichten Sitz auf beiden Händen.
3 Gymnastikspringen mit mehreren Cavalettis vor dem Hindernis (vgl. Seite 112).
4 Trockenreiten.

Samstag: Je nach Wetter Geländereiten oder Dressur.

Sonntag:
1 Eine Viertelstunde lösen.
2 Gymnastikspringen mit einem Cavaletti und einem Hindernis.
3 Parcoursspringen.
4 Trockenreiten.

FÜNFTE WOCHE: Keine Cavaletti-Arbeit; vermehrtes Dressurreiten und nach Möglichkeit häufig ins Gelände gehen.

SECHSTE WOCHE: Wiederholung der wichtigsten Übungen aus den ersten vier Wochen ohne weitere Erhöhung der Anforderungen.

Nach der sechsten Woche soll erreicht sein, daß das Pferd mit allen grundlegenden Cavaletti-Übungen auf geraden Linien einschließlich des Gymnastikspringens vertraut ist. Von der siebten Woche an werden dann abwechselnd diejenigen Aufgaben ausgesucht, die für die angestrebten Ausbildungsziele in Frage kommen. Nun kann auch die Arbeit auf gebogenen Linien zu Hilfe genommen werden.

Es dürfte nicht schwierig sein, auf Grund der Erfahrungen der ersten sechs Wochen selbständig weiterzuarbeiten. Probleme werden im Laufe der Ausbildung ständig auftauchen. Sie lassen sich in den häufigsten Fällen dadurch lösen, daß man zu einfachen Übungen zurückkehrt und die Anforderungen erst langsam wieder steigert.

Vier- bis Sechs-Wochenplan für ein Dressurpferd

Dieser Plan geht davon aus, daß die Grundschule erfolgreich beendet wurde. Er beschränkt sich wiederum allein auf die Arbeit mit Cavalettis innerhalb des Systems der Gesamtausbildung. Welche sonstigen Anforderungen gestellt werden können, richtet sich auch nach dem Rittigkeitsgrad des Dressurpferdes selbst. Insofern gilt das, was in jedem guten Dressurlehrbuch über den stufenweisen Aufbau der Dressurlektionen geschrieben steht.

ERSTE WOCHE:

Montag: Ruhetag.

Dienstag:
1 Etwa 20 Minuten lösende Übungen auf beiden Händen in allen drei Grundgangarten, dabei zum Schluß im Trab und Schritt über Cavalettis auf geraden Linien.
2 Übungen zur Verbesserung der Durchlässigkeit, dabei einige Male durchparieren und im Schritt am langen Zügel über Bodenricks, um die Reinheit des Schrittaktes zu erneuern.
3 Vorwärtsreiten, vorwiegend im Trabe.
4 Trockenreiten.

Mittwoch: keine Cavaletti-Arbeit.

Donnerstag: Cavaletti-Arbeit im Trab, zum Schluß über erweiterte Abstände zur Verbesserung von Schwung und Raumgriff der Bewegungen (vgl. Seite 86 bis 90).

123

Freitag: keine Cavaletti-Arbeit.

Samstag: entweder keine Cavaletti-Arbeit, allenfalls im Schritt am hingegebenen Zügel während des Lösens oder Cavaletti-Arbeit freilaufend (vgl. Seite 26 bis 34), oder Freispringen.

Sonntag: Aufgabenreiten.

ZWEITE WOCHE:

Montag: Ruhetag.

Dienstag: keine Cavaletti-Arbeit.

Mittwoch: Cavaletti-Arbeit im Schritt über verkürzte Abstände zur Verbesserung des versammelten Schritts (vgl. Seite 64 bis 71).

Donnerstag: keine Cavaletti-Arbeit.

Freitag: keine Cavaletti-Arbeit, allenfalls zum Lösen etwas Leichttraben über Cavalettis auf geraden Linien.

Samstag: Cavaletti-Arbeit im Trab, zum Schluß im Aussitzen über verkürzte Abstände zur Verbesserung des Ausdrucks der Bewegungen (vgl. Seite 79).

Sonntag: Aufgabenreiten.

DRITTE WOCHE:

Montag: Ruhetag.

Dienstag:
1 Cavaletti-Arbeit freilaufend (vgl. Seite 26 bis 34).
2 Einige Dressurlektionen unter dem Reiter.
3 Trockenreiten.

Mittwoch: keine Cavaletti-Arbeit.

Donnerstag: keine Cavaletti-Arbeit, allenfalls im Schritt am hingegebenen Zügel während des Lösens.

Freitag: wie Donnerstag der ersten Woche.

Samstag: keine Cavaletti-Arbeit.

Sonntag: Aufgabenreiten.

VIERTE WOCHE:

Montag: Ruhetag.

Dienstag: wie Dienstag der ersten Woche.

Mittwoch: keine Cavaletti-Arbeit.

Donnerstag: Cavaletti-Arbeit im Schritt, am Schluß erweiterte Abstände zur Verbesserung des Raumgriffs der Bewegungen (vgl. Seite 64).

Freitag: keine Cavaletti-Arbeit.

Samstag: wie Samstag der zweiten Woche.

Sonntag: Aufgabenreiten.

FÜNFTE WOCHE: keine Cavaletti-Arbeit; statt dessen Dressur und Auflockerung durch Spazierenreiten im Gelände (je nach Wetter).

SECHSTE WOCHE: Wiederholung der wichtigsten Übungen aus den ersten drei Wochen sowie einiger Aufgaben aus dem Plan für die Grundausbildung.

Je nach Bedarf kann auch die Arbeit mit Cavalettis auf gebogenen Linien einbezogen werden. Darüber hinaus ergeben sich Abweichungen immer dann, wenn das Übungsziel an einem Tage nicht erreicht wurde, so daß der nächste Tag zur Wiederholung benötigt wird. Wichtig ist ferner die aus dem Plan hervorgehende Beschränkung der Cavaletti-Arbeit auf zwei bis drei Tage in der Woche, um die Gefahr einer Überanstrengung auszuschalten.

Vier- bis Sechs-Wochenplan für ein Springpferd

Vorausgesetzt wird wiederum die erfolgreiche Beendigung der Grundschule.

ERSTE WOCHE:

Montag: Ruhetag.

Dienstag:
1 Längeres Lösen mit Cavaletti-Arbeit im Trab, auf geraden Linien, Leichttraben.
2 Galoppieren im leichten Sitz.
3 Einige Lektionen zur Verbesserung der Durchlässigkeit.
4 Trockenreiten.

Mittwoch:
1 Lösen.
2 Übungen zur Förderung der Durchlässigkeit.
3 Gymnastikspringen (vgl. Seite 108 bis 115; zum Schluß ein bis zwei Einzelsprünge.
4 Trockenreiten.

Donnerstag: Dressur oder (je nach Wetter) Spazierenreiten im Gelände.

Freitag: Dressur und eventuell einige leichte Hindernisse aus dem Trabe springen.

Samstag: (je nach Wetter) Geländereiten mit Klettern und ruhigem Galoppieren auf ebenem Boden oder Dressur.

Sonntag: Parcoursspringen.

ZWEITE WOCHE:

Montag: Ruhetag.

Dienstag: entweder Cavaletti-Arbeit, freilaufend (vgl. Seite 26 bis 34) und anschließend Dressur, oder längeres Lösen; Cavaletti-Arbeit im Trab auf gebogenen Linien (vgl. Seite 102 bis 107); Trockenreiten.

Mittwoch: wie Donnerstag der ersten Woche.

Donnerstag: Gymnastikspringen mit mehreren Cavalettis vor dem Hindernis (vgl. Seite 112); einige Doppelsprünge aus dem Galopp.

Freitag: Dressur.

Samstag: Freispringen; anschließend Dressur.

Sonntag: Parcoursspringen.

DRITTE WOCHE:

Montag: Ruhetag.

Dienstag: wie Dienstag der ersten Woche.

Mittwoch: Gymnastikspringen mit erhöhten Anforderungen.

Donnerstag: wie Donnerstag der ersten Woche.

Freitag: Lösen; Cavaletti-Arbeit im Galopp und Springen über Kombinationen.

Samstag:
1 Lösen.
2 Galoppieren zur Förderung der Kondition auf beiden Händen mit Zwischenpause im Schritt.
3 Trockenreiten, dabei zur Beruhigung einige Male im Schritt am hingegebenen Zügel über Cavalettis auf geraden Linien.

Sonntag: Parcoursspringen.

VIERTE WOCHE:

Montag: Ruhetag.

Dienstag: entweder
(je nach Wetter) längeres
Lösen im Gelände und an-
schließend Dressur,

oder
wie Dienstag der ersten
oder zweiten Woche.

Mittwoch: Dressur.

Donnerstag: wie Mittwoch der dritten Woche.

Freitag: wie Donnerstag der ersten Woche.

Samstag:
1 Lösen.
2 Gymnastikspringen mit mehreren Cavalettis vor dem
  Hindernis (vgl. Seite 112).
3 Dressur und Trockenreiten.

Sonntag: Parcoursspringen.

FÜNFTE WOCHE: Vermehrtes Dressurreiten; vielleicht einmal
Freispringen; keine Cavaletti-Arbeit; kein Springen unter
dem Reiter.

SECHSTE WOCHE: Wiederholung der wichtigsten Übungen
aus den ersten drei Wochen; Springen über Doppelsprünge und dreifache Kombinationen.

Aufbauvorschläge für Jugendreiten

Die Reitausbildung von Kindern und Jugendlichen verfolgt in erster Linie das Ziel, die Freude und Unbefangenheit im Umgang mit dem Pferde zu fördern. Ein losgelassener, möglichst geschlossener Sitz, der auch im Gelände die nötige Sicherheit verleiht, ist die beste Grundlage für spätere Leistungen. Man hüte sich, das Augenmerk allein auf die Erlernung des Dressursitzes zu richten. Die Aufrichtung des Oberkörpers für diesen Sitz wird gerade im Anfangsstadium der Reitausbildung häufig falsch verstanden. Sie kann deshalb zu Steifheiten führen, zum übertrieben korrekten, sogenannten Kommißsitz, der die nötige Eleganz vermissen läßt.

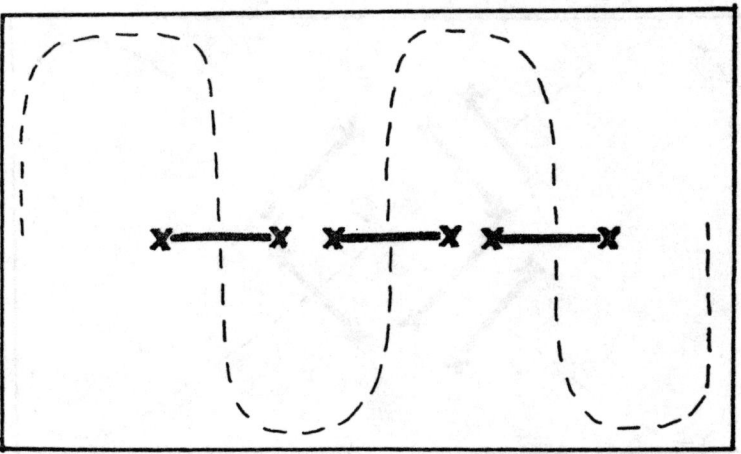

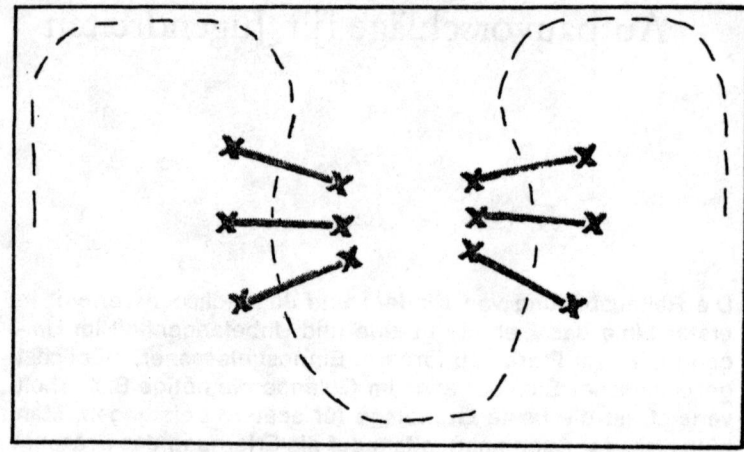

Dieser Entwicklung wird durch Reiten über Bodenricks begegnet. Hierbei kommt es darauf an, durch möglichst vielfältigen Aufbau die Aufmerksamkeit des Reiters auf die Erfüllung der gestellten Aufgabe zu lenken, so daß die Befangenheit und Verkrampfung unwillkürlich vergessen wird.

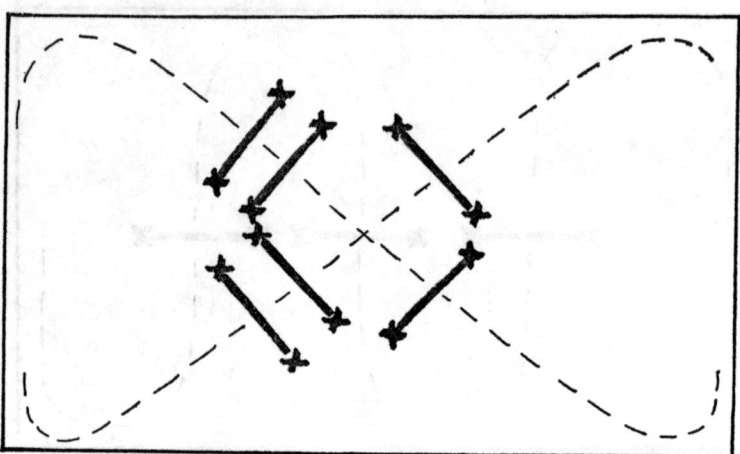

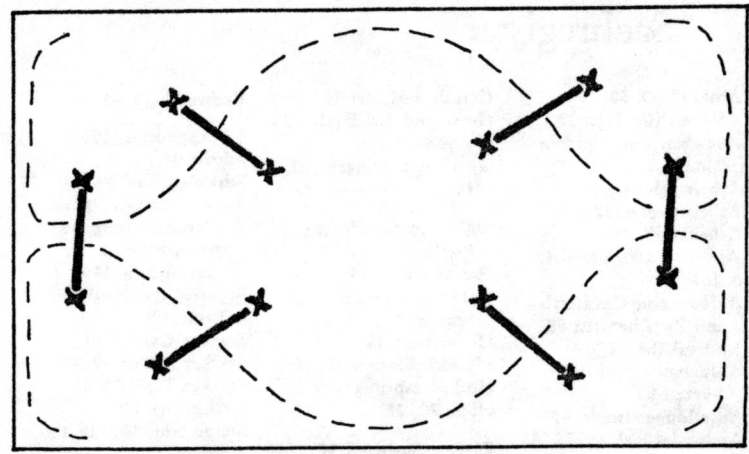

Diesem Zweck sind die vier folgenden Aufbauvorschläge gewidmet. Sie sollen lediglich Anregung sein und zeigen, was sich mit einfachen Mitteln machen läßt. Jeder Aufbau läßt durch die Einbeziehung von Volten, Kehrtwendungen und Schlangenlinien eine Fülle von neuen Figuren zu, so daß letztlich keine Schwierigkeiten auftauchen dürften, wenn es darum geht, Abwechslung zu schaffen. Natürlich bleibt es jedem einzelnen überlassen, sich weitere Möglichkeiten auszudenken.

Sachregister

Dr. Reiner Klimke bekennt

„Auch wenn ich meine größeren Erfolge in der Dressur errang, der ich mich nach dem berufsbedingten Ende meiner siebenjährigen Military-Zeit intensiver zuwandte — die Vielseitigkeitsreiterei bleibt für mich der schönste Teil des Reitsports. Es ist meine feste Überzeugung, daß die Military auch jener Zweig der Reiterei mit der größten Daseinsberechtigung ist. Sie ist geradezu lebensnotwendig für Reiterei und Pferdezucht. Solange Pferde den harten Anforderungen der Vielseitigkeit unterzogen werden und bei aller gebotenen Schonung in diesen Härtetests ihre Bewährungsprobe bestehen — so lange kann man auch sicher sein, daß das Pferd seine robuste Gesundheit und die ihm naturgegebenen Eigenschaften wie Härte, Kampfgeist und Mut behält."

Mit seinem Buch „Military — Geschichte, Training, Wettkampf" will Dr. Reiner Klimke der heranwachsenden Generation nicht nur sagen, wie man Military reitet, sondern diesem Sport, der die größte Naturverbundenheit zwischen Reiter und Pferd vermittelt, neue Freunde gewinnen. In den ersten Kapiteln erzählt Reiner Klimke die Geschichte der Military. Er berichtet von den Olympischen Spielen und den Weltmeisterschaften, und schon aus diesen Kapiteln erfährt der Leser viel mehr als nur den chronologischen Ablauf. Bei jeder Military gibt es besondere Schwierigkeiten, an denen viele Reiter scheitern. Wie man sie überwinden kann, ohne sein Pferd zu sehr zu schinden, wird in Wort und Bild berichtet. In der Folge erfährt der Leser, welches Pferd und welcher Reiter für die Military geeignet sind, wie man sich und sein Pferd auf die einzelnen Teilprüfungen vorbereitet, wie man sich die Monate vor einer Military sinnvoll einteilt, an welchen Turnieren man teilnehmen soll und wie man für die Dressuraufgabe arbeitet. Ein besonderes Kapitel ist dem Wettkampf selbst gewidmet. Woran muß

133

man denken, damit ein reibungsloser Ablauf gewährleistet ist? Was nimmt man mit, wann fährt man los, damit das Pferd nicht noch erschöpft ist vom Transport? Wie prägt man sich am besten die zu reitende Strecke ein, worauf muß man achten, wie merkt man sich am besten die wichtigsten Zeiten, wie teilt man seine Kräfte ein, damit man auch am dritten Tag für die Springprüfung noch Reserven hat?

Was dieses Buch so besonders lesenswert macht, ist die Ausführlichkeit und Gründlichkeit, mit der dem Begriff ‚Military' nachgegangen wird. So erfährt man alles über Ursprung, Geschichte und Entwicklung der Military bis zum heutigen Tage. Diese große olympische Vielseitigkeitsprüfung hat sich um die Jahrhundertwende herum zunächst aus den Distanzritten des Militärs entwickelt. Daher leitet sich auch der heute zum Begriff gewordene Name ab. Zum ersten Male tauchte diese Disziplin bei den Olympischen Spielen des Jahres 1912 in Stockholm auf. Dr. Reiner Klimke gibt dann eine ausführliche Darstellung der Entwicklung bis zum heutigen Tage unter besonderer Hervorhebung der einzelnen Olympischen Spiele bis Tokio 1964, sowie der jährlich stattfindenden offiziellen Military der F. E. I. Außerordentlich interessant ist, daß auf einigen Bildern besonders typische Hindernisse der einzelnen Prüfungen von Stockholm 1912 bis heute gezeigt werden können. Auch sonst wird der Leser aus diesem Buch sehr vieles entnehmen, was er bisher noch nicht wußte. Bei aller Akribie ist dieses Buch jedoch in einem unterhaltend flüssigen Stil geschrieben, so daß die Lektüre zu einem wahren Vergnügen wird.

Eine Siegerchronik aller Olympischen und FEI-Military-Sieger sowie der deutschen M-Meister beschließt das Buch.

Franckhs Reiterbibliothek

Hedlund/von Walter
Das Einmaleins des Reitens
Mit diesem Band geben die Autoren dem angehenden Reiter das
nötige Rüstzeug: Satteln und Auftrensen, korrekter Sitz und kor-
rekte Hilfen, die einzelnen Hufschlagfiguren und Übungen, Geländereiten und einfaches Springen, Körperbau, Pflege und Haltung
des Pferdes.
160 Seiten, 99 Zeichnungen, kart.

Jean Froissard
Grundlagen der Dressur für Reiter und Pferd
Der fortgeschrittene Reiter, der sein Pferd gründlich auf die leichteren Dressurprüfungen vorbereiten will, findet in diesem Buch
eine vorzügliche Anleitung.
111 S., 3 Zeichnungen, 22 SW-Fotos.

Egon von Neindorff
Kleine Reit- und Fahrlehre
Dieser Band enthält wesentliche Grundlagen für eine erfolgreiche
Arbeit am Pferd, eine Ausbildungsskala mit den Kennzeichen des
richtig gerittenen Pferdes, eine Anleitung für den Aufbau einer
Reitstunde und Hinweise für das Anreiten junger Pferde.
116 Seiten, 55 Zeichnungen.

In Ihrer Buch- und Fachhandlung.
Bitte fordern Sie unseren Sonderprospekt P 162 an. Er unterrichtet
Sie über weitere Bücher der Reihe „Franckhs Pferdebibliothek."

Franckh'sche Verlagshandlung, Postfach 640, D-7000 Stuttgart 1

Franckh
Pferdebücher

Für Pferdefreunde, Reiter und solche,
die es gerne werden möchten.

So verdient man sich die Sporen. Horst Stern
Reiten lernen, wie es selten im Buche steht. 11. Aufl., 179 Seiten,
36 Abb., 53 Fotos, geb.

Gut Freund mit Pferden. Helmut Sohre
Spannende Berichte vom Pferd als Freund und Helfer in Krieg
und Frieden, bei Sport und Arbeit; von berühmten Reitern;
über Pferderassen und Pferdezucht; Verhaltensweisen und Cha-
raktereigenschaften der Vierbeiner. 2. Aufl., 132 Seiten, 55 Fotos,
geb.

Das schwierige Pferd. R. S. Summerhays
Bis auf wenige Ausnahmen sind alle Untugenden von Pferden
heilbar. Der Autor zeigt wie das gemacht wird. 4. Aufl., 76 Seiten, 27 Abb., kart.

Patient Pferd. Dr. med. vet. M. Pick
Der Leser erfährt eine ganze Menge über Pferdekrankheiten und
über den Alltag eines Pferdearztes. 102 Seiten, 20 Zeichnungen,
kart.

Handbuch der Pferdekrankheiten. Dr. med. vet. M. Pick
Die Symptome der verschiedenen Krankheiten und wie sie zu
behandeln sind. Ursache, Diagnose, Behandlung. 188 Seiten, 54
Zeichnungen, 54 Fotos, geb.

In Ihrer Buch- oder Fachhandlung.
Bitte fordern Sie unseren Sonderprospekt P 162 an. Er unterrichtet Sie über weitere Pferdebücher.

Franckh'sche Verlagshandlung, Postfach 640, D-7000 Stuttgart 1